Michael F. Feldkamp
Dirk Kunze

Mit Frack im Parlament

Ein Beitrag zur parlamentarischen Kultur und politischen Symbolik im Deutschen Bundestag

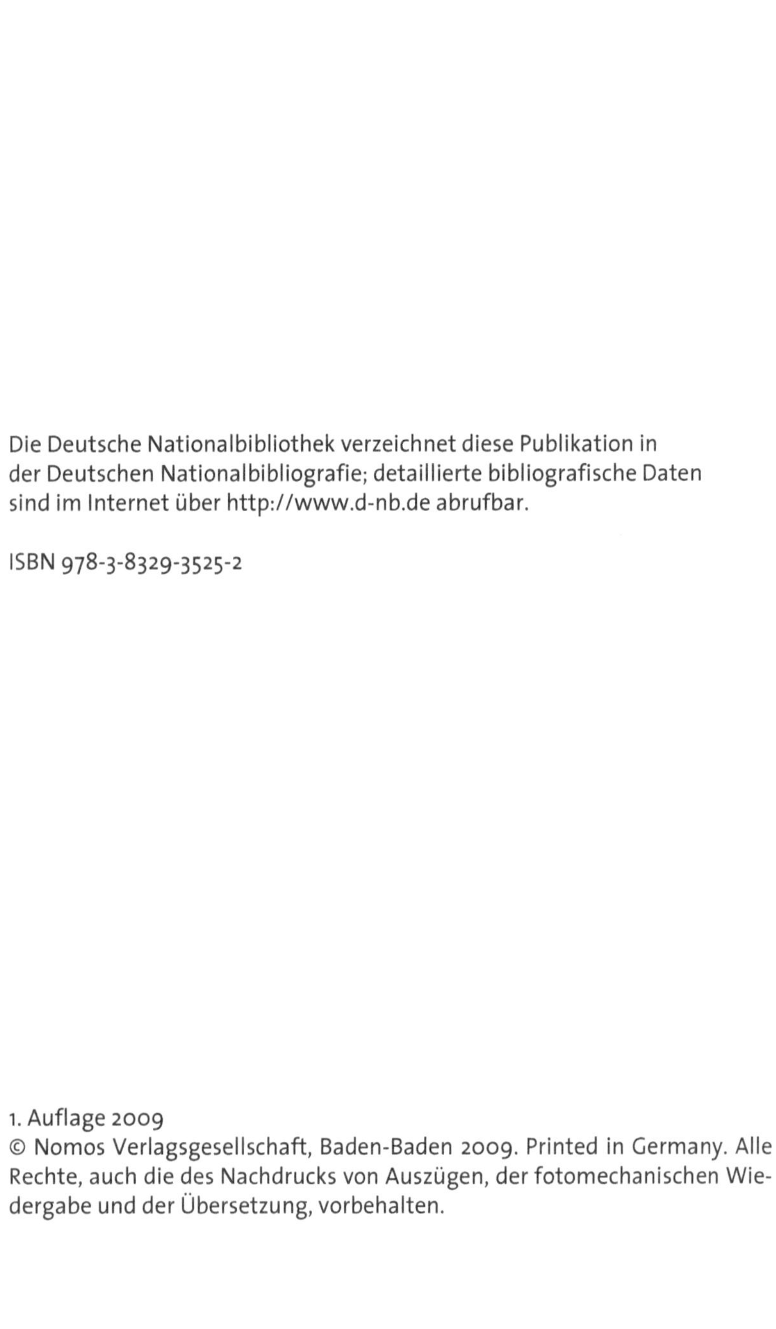

Die Deutsche Nationalbibliothek verzeichnet diese Publikation in der Deutschen Nationalbibliografie; detaillierte bibliografische Daten sind im Internet über http://www.d-nb.de abrufbar.

ISBN 978-3-8329-3525-2

1. Auflage 2009

Geleitwort des Präsidenten des Deutschen Bundestages Prof. Dr. Norbert Lammert

Es gehört zum Selbstverständnis der Bundesrepublik Deutschland, auf herrschaftliche Gesten und zeremoniellen Pomp zu verzichten. Nach den Erfahrungen der nationalsozialistischen Diktatur und des Zweiten Weltkriegs war es eine bewusste, ja demonstrative Entscheidung der jungen Demokratie, dass staatliche Repräsentation fortan auf Transparenz, Offenheit und Zurückhaltung setzten sollte. Entsprechend agiert der Deutsche Bundestag – gerade auch im Vergleich zu den Parlamenten anderer Länder – überaus bescheiden, zurückhaltend – ja vielleicht sogar „mausgrau", wie manche sagen. In der Tat versteht sich der Deutsche Bundestag als Arbeitsparlament, und seine Zeremonien – soweit es sie gibt – sind dementsprechend nüchtern und pragmatisch gehalten. Selbst feierliche Momente in der parlamentarischen Arbeit werden bewusst als schlichte, unprätentiöse Veranstaltungen inszeniert.

Gleichwohl äußert sich auch in dieser Schlichtheit eine besondere Würde des Deutschen Bundestages, der als oberster Gesetzgeber das zentrale Verfassungsorgan unseres demokratischen Staates ist. Diese Würde zu schützen und zu wahren ist eine Aufgabe, die dem Präsidenten in der Geschäftsordnung ausdrücklich übertragen wurde. Dabei wird er von vielen unterstützt – nicht zuletzt von den „Saaldienern", deren Frack von einem Erkennungszeichen der Saaldiener zu einem Markenzeichen unseres Parlaments geworden ist.

Wenn der „Bundestagsfrack" heute als sichtbarer Ausdruck der Würde des Parlaments gilt, dann liegt das sicherlich daran, dass unser Plenarbetrieb nun einmal nicht gerade überreich an Symbolen und Bildsprachen ist. Es liegt aber auch daran, dass die Saaldienerinnen und Saaldiener immer wieder neu ein stilles und unaufdringliches Engagement entwickeln und so einen reibungslosen Ablauf der Plenarsitzungen ermöglichen. Dank ihrer Hilfe ist ruhige und selbstverständliche Professionalität das Markenzeichen des Deutschen Bundestages.

Inhalt

Einführung

Kaum eine kulturelle Errungenschaft ist so stark Veränderungen unterworfen, wie die Kleidung. Im vierteljährlichen Rhythmus werden in den Modehauptstädten der Welt die Frühjahrs-, Sommer-, Herbst- und Winterkollektionen vorgestellt. Angesichts der dadurch forcierten Kurzlebigkeit eines Kleidungsstückes erstaunt es, wenn sich ein Kleidungsstück unabhängig von Modeströmungen über mehrere Jahrzehnte unverändert hält. Bei solcher Kleidung handelt es sich fast immer um Uniformen und Berufskleidung. Diesen Kleidungsstücken ist gemeinsam, dass sie Unterscheidungsmerkmale sichtbar machen und damit deutlich erkennbare Abgrenzungen vornehmen. Gleichzeitig stärken sie aber das Gemeinschaftsgefühl („corporate identity") jener, die ein gleiches Kleidungsstück tragen. Auch darüber sind sich Verhaltensforscher und Psychologen einig: Uniformierung kann den Ausdruck charakterlicher Individualität hervorheben und ihre Ausbildung fördern. Hierin liegt z. B. auch der tiefere Sinn für die in Deutschland zwar seit langem nicht mehr übliche, aber eine Renaissance erlebende Schulkleidung[1] begründet, die bei einer scheinbar äußerlichen Gleichmacherei der Schulkinder eben nicht stehen bleibt.

Und schließlich: Wer möchte nicht am Krankenbett sofort die Ärztin von der Krankenschwester unterscheiden oder im Geschäft den Kunden vom Verkäufer bzw. vom Geschäftsführer? Wen beruhigt es nicht, in einer gefährlichen Situation sofort den Polizisten, Feuerwehrmann oder Sanitäter ausmachen zu können? Wer ist nicht dankbar, wenn bei der Suche nach der richtigen Verkehrsanbindung am Bahnsteig das Auskunftspersonal schon von weitem sichtbar ist? Wir alle kennen solche und vergleichbare Situationen. In diesen Fällen stehen Berufkleidung und/oder Uniform symbolisch für Funktionalität und Professionalität und schaffen dem, der sie trägt, für gewöhnlich großen Respekt und Autorität.

Deswegen hat sich auch der im Januar 1955 eingeführte Frack für die Saaldiener des Deutschen Bundestages schon bald als herausragendes Erkennungsmerkmal etabliert, ist inzwischen unverwechselbarer Bestandteil des parlamentarischen Alltags im Bundestag und damit zu einem Symbol der parlamentarisch-repräsentativen Demokratie in der Bundesrepublik Deutschland avanciert.

1 Einige wenige staatliche Schulen in Deutschland haben einheitliche Schulkleidung eingeführt: 2000 die Haupt- und Realschule in Hamburg-Sinstorf, 2005 die Haupt- und Realschule Friesenheim (Baden) und die staatliche Realschule Haag in Haag in Oberbayern, 2006 die Staatliche Regelschule Worbis im Eichsfeld.

Aus Anlass der 50 Jahre zurückliegenden Einführung des ersten Fracks für die Saaldiener eröffnete der Direktor beim Deutschen Bundestag, Wolfgang Zeh[2], am 7. November 2005 eine von Mitarbeitern des Plenarassistenzdienstes vorbereitete und viel beachtete Ausstellung im Reichstagsgebäude, in der historische und aktuelle Frackmodelle sowie Archivalien und Zeitungsartikel aus der 50-jährigen Geschichte ausgestellt wurden[3]. Mit dieser Ausstellung war es gelungen, die Symbolkraft des Bundestagsfracks für die Politik- und Geschichtswissenschaft zu entdecken[4] und gleichzeitig die Dienstfunktion der Frackträger in besonderer Weise herauszustellen, die pars pro toto für die Dienstfunktion der gesamten Bundestagsverwaltung steht.

Damit die damals für die Ausstellung zusammengetragenen Exponate und Rechercheergebnisse nicht ganz der Vergessenheit anheim fallen, lag es nahe, die Erkenntnisse, aussagekräftige Fotos, interessante Archivalien und die historische Entwicklung des Fracks seit seiner Einführung im Jahre 1955 in dem vorliegenden Buch zu dokumentieren. Zugleich wird damit ein Kapitel in der Geschichte des Deutschen Bundestages verfügbar gemacht, das nicht nur kulturhistorische Aperçus aufzuweisen hat. Vielmehr geht es um Riten, Rituale, Stilfragen, Symbolik, Zeremoniell und damit letztlich um die Autorität des Präsidenten des Deutschen Bundestages und die von ihm maßgeblich verkörperte Würde des gesamten Parlaments.

Obwohl beispielsweise zur parlamentarischen Kultur im Weimarer Reichstag[5] oder auch verschiedenen europäischen Parlamenten, darunter bemerkenswerter Weise auch zur Volkskammer der DDR, erste Studien vorliegen[6], gilt die prägnante Feststellung von Suzanne S. Schüttemeyer von 2006, dass die „historiographische Beschäftigung mit [der ...] Symbolik von Volksvertretungen [...] bis-

2 Zeh (*1942), 1971-2006 in der Verwaltung des Deutschen Bundestages, darunter 1998-2002 Leiter der Abteilung „Parlamentarische Dienste" und 2002-2006 Direktor beim Deutschen Bundestag.

3 Vgl. dazu z. B.: Tobias Matern, *Feine Herren im Hintergrund. Eine Ausstellung im Berliner Reichstagsgebäude widmet sich den diskretesten Dienern des Parlaments – den befrackten Saaldienern*, in: Süddeutsche Zeitung vom 8. November 2005; Thomas Götz, *Die karge Pracht der Demokratie. Vor 50 Jahren wurde der Bundestagsfrack eingeführt. Eine Ausstellung ehrt ihn*, in: Berliner Zeitung vom 8. November 2005; *Diener der Saaldiener. Der Frack des Parlamentsassistenzdienstes wird 50 Jahre alt*, in: Frankfurter Allgemeine Zeitung vom 8. November 2005; Christoph Spöckner, *Ausstellung im Reichstag: „50 Jahre Bundestagsfrack" / Kleider machen Saaldiener*, in: Das Parlament vom 14. November 2005.

4 Michael F. Feldkamp, *Frack und Cut im Bundestag. Die Einführung des Bundestagsfracks vor 50 Jahren*. In: Zeitschrift für Parlamentsfragen 37 (2006), S. 481-492.

5 Vgl. Thomas Mergel, *Parlamentarische Kultur in der Weimarer Republik. Politische Kommunikation, symbolische Politik und Öffentlichkeit im Reichstag* (= Beiträge zur Geschichte des Parlamentarismus und der politischen Parteien, Bd. 135), Düsseldorf 2002.

6 Werner J. Patzelt (Hrsg.), Parlamente und ihre Symbolik. Programm und Beispiele institutioneller Analyse, Wiesbaden 2001. Zur Volkskammer vgl. die Beiträge von Roland Schirmer und Steffen H. Elsner, ebd. S. 136-216.

Beim Rundgang durch die Ausstellung am 7. November 2005 erweckt der historische Frack mit roter Weste großes Interesse. Im Bild vorn der damalige Direktor beim Deutschen Bundestag Professor Wolfgang Zeh und der derzeitige Direktor beim Deutschen Bundestag, Staatssekretär Hans-Joachim Stelzl.

lang zu Unrecht nur beiläufig Beachtung" findet[7]. Vor diesem Hintergrund war es einmal mehr Ansporn, die Parlamentssymbolik des Deutschen Bundestages in den Blick zu nehmen und die Tätigkeit der Saaldiener und die Geschichte des „Bundestagsfracks" einem größeren Leserkreis zu erschließen.

1. Der Saaldiener des Bundestages im Rampenlicht

Aufmerksame Zeitungslektüre offenbart eine verhältnismäßig häufige Erwähnung der Saaldiener des Deutschen Bundestages. – Da wird der Saaldiener mit seinem typischen dunkelblauen Frack mit Bundestagsadler auf Goldknöpfen schlagzeilenträchtig zum „Wasserträger" des Bundestages abgestempelt, weil er dem jeweiligen Redner im Bundestag ein Glas frisches Wasser auf das Rednerpult stellt[8]. – Der „Berliner Kurier" vergleicht die Saaldiener des Bundestages wegen ihrer auffallenden Kleidung mit Pinguinen und berichtete, dass die Saaldiener „eine Patenschaft für die ebenso tierisch korrekt gekleideten Königspinguine

---

7 Suzanne S. Schüttemeyer, *Editorial*, in: Zeitschrift für Parlamentsfragen 37 (2006), S. 460.
8 Almut Lüder, *Die Wasserträger des Bundestages*, in: Berliner Morgenpost vom 24. Oktober 2006.

im Zoo“ übernommen hätten[9]. – Weit hergeholt ist die Unterstellung eines Journalisten, der anlässlich des Gedenkens an den 100. Geburtstag des langjährigen SPD-Fraktionsvorsitzenden Herbert Wehner[10] vermutet, dass die Saaldiener dieses „grantig aussehende“ politische Urgestein der SPD wohl auf die Zuschauertribüne verweisen würden, sollte Wehner heute versuchen, in den Bundestag zu gelangen, weil er nicht mehr in die heutige Zeit passen würde[11]. Einleuchtender wäre die umgekehrte Behauptung gewesen, ein streitbarer Politiker ist immer zeitgemäß, aber vielleicht der Frack nicht mehr. – Oder es wird jener „befrackte“ Saaldiener zitiert, der vor dem Zutritt auf die Besuchertribüne, einer Schülergruppe den letzten Hinweise gibt: „Wenn's einem von Ihnen schläfrig wird da drin, kommt ja manchmal vor, dann kommen Sie bitte raus und setzen sich hier draußen hin.“[12]

Ein deutscher Saaldiener (links) und sein französischen Kollege (rechts) während der gemeinsamen Veranstaltung des Deutschen Bundestages und der Assemblée Nationale in Versailles anlässlich des 40. Jahrestages des Elysée-Vertrages am 22. Januar 2003.

9 S. Kröck, *Warum die Saaldiener die Pinguine sponsern … /…die gefiederten Frackträger ihnen so verdammt ähnlich sind*, in: Berliner Kurier vom 6. Januar 2004.

10 Wehner (1906-1990), 1949-1983 Mitglied des Deutschen Bundestages.

11 Harald Jähner, *Väterchen Frost. Herbert Wehner, der Dompteur der Nachkriegs-SPD, wäre heute 100 Jahre alt geworden*, in: Berliner Zeitung vom 11. Juli 2006.

12 Johannes Leithäuser, *Reformviertelfinale/Der Kampf der Teamchefs Merkel, Struck und Kauder um Koalitionsmehrheiten im Bundestag*, in: Frankfurter Allgemeine vom 1. Juli 2006.

Karl-Heinz Schmitt ist der Chef der Plenardiener im Bundeshaus

Ims- Wenn Karl-Heinz Schmitt von sich behauptet, er sei der einzige Mann mit weißer Weste im Deutschen Bundestag, so zweifelt er damit nicht an der Integrität der Herren Abgeordneten. Karl-Heinz Schmitt trägt die weiße Weste nämlich von Dienst wegen und für alle gut sichtbar. Er ist der sogenannte „Platzmeister" im Plenarsaal, zu erkennen an einem akkurat sitzenden dunkelblauen Frack, weißer Fliege und der vielzitierten weißen Weste. Weiß bedeutet in diesem Fall, daß Schmitt der Boß ist. Chef von 42 Plenardienern, die im Unterschied zu ihm graue Westen tragen. Er leitet den Einsatz dieser lautlosen Herrn mit den wehenden Frackschößen, die ständig auf den kleinsten Wink hin zur Stelle sind. Egal, ob es sich um Manuskripte, persönliche Botschaften oder nur um ein Glas Wasser handelt, das gewünscht wird.

Der einzige Mann mit weißer Weste

Vom Boten zum Platzmeister im Plenum

SEIT FAST 30 JAHREN im Dienst des Bundestages: Karl-Heinz Schmitt.

Nur der Chef trägt weiße Westen

Bundestagssaaldiener jetzt in Mausgrau

Demarkationslinie wird streng beachtet – Dienst beginnt um sechs Uhr früh – Viele Kontakte

INTERNACIONAL

El murciano José Cases, hijo de inmigrantes y ujier en el Parlamento alemán, siente nostalgia de su España natal

Pepito Bundestag

„Mädchen für alles"
im Bundestag

...den für Hovenbitzer

Auch andere Nachteile hat sein interessanter Beruf: „Wenn ich abends mal in die Kneipe komme, gibt es kein anderes Gesprächsthema als Politik und Politiker. Dann heißt es: »Warum hast du dem denn Wasser gebracht, den hätt' ich ja vergiftet« und so weiter. Das geht einem schon manchmal auf die Nerven." Aber in dieser Beziehung gibt es für Hovenbitzer keine Diskussion: „Natürlich ist mir der eine Abgeordnete lieber als der andere, mancher ist immer freundlich, der nächste ständig muffelig. Aber wenn ich im Dienst bin, spielt das keine Rolle, dann bin ich zu jedem gleichbleibend höflich."

Aus gesundheitlichen Gründen tritt Hovenbitzer seit einiger Zeit etwas kürzer und arbeitet nun im Geschäftszimmer der Botenmeisterei: „Hier hat man nicht ganz soviel Streß wie im Plenardienst. Allein schon das ständige Umkleiden ist eine Last: Morgens kommt man in Zivil an, muß die Dienstkleidung für die Betreuung der Ausschüsse anlegen: graue Hose, dunkelblauer Blazer mit dem Abzeichen des Bundestages. Mittags für den Plenarsaal ist der schwarze Frack Vorschrift. Abends tagen wieder die Ausschüsse, das heißt wieder Dienstkleidung. Bei uns heißt das: Wir spielen Stadttheater."

FRANZ HOVENBITZER Foto: Akalin

Ein kurzer Blick in die Zeitungslandschaft macht ein nationales und internationales Interesse am „Saaldiener" deutlich.

Die Saaldiener des Bundestages geben schon wegen ihres äußeren Erscheinungsbildes immer wieder Anlass zu scherzhaften oder nur vermeintlich witzigen Bemerkungen, aber selbstverständlich auch ernsthaften Betrachtungen. Manche Äußerungen sagen dabei mehr über die Fantasie des Autors bzw. Journalisten aus, als tatsächlich über das Berufsbild des Frackträgers im Deutschen Bundestag.

2. Berufsalltag eines Saaldieners

Umgangssprachlich werden sie noch heute zumeist „Saaldiener“ genant; doch längst sind auch sie sprachlich „aufgewertet“ worden; so wie Putzfrauen zu Reinigungskräften avancierten, Lehrlinge zu Auszubildenden oder Buchhalter zu Debitorenmanagern, so wurden auch die „Saaldiener“ zu Plenarsekretären oder Plenarassistenten. Beide Begriffe unterscheiden sich durch je verschiedene Gehaltsstufen. Die Saaldiener üben zwar einen ungewöhnlichen Beruf aber keinesfalls ungewöhnliche Tätigkeiten aus.

2.1. Allgemeine Aufgaben der Saaldiener

Während einer Plenarsitzung werden sie zu Dienstleistungen im Bundestag herangezogen und unterstützen den jeweils amtierenden Präsidenten bei der Sitzungsleitung. Dabei fallen ihnen verschiedene Aufgaben zu:
Schon vor einer Plenarsitzung verteilen die Saaldiener die erforderlichen Unterlagen und Parlamentsdrucksachen in ausreichender Stückzahl im Plenum. Sie lösen die jeweiligen akustischen und optischen Signale aus. So erschallt vor Beginn der Plenarsitzungen an jedem Donnerstag- und Freitagmorgen im Reichstagsgebäude über die Mikrophonanlage das Geläut der Glocken des Kölner Doms, womit die Christliche Morgenfeier um 8.40 Uhr im Andachtsraum im Reichstagsgebäude angekündigt wird. Vor einer Aktuellen Stunde oder vor Abstimmungen (wie den Namentlichen Abstimmung und dem sogenannten „Hammelsprung“) erschallen durch alle Liegenschaften des Deutschen Bundestages akustische Signale, um die Abgeordneten ins Plenum zu rufen. Vor Beginn der Plenarsitzungen und Ausschusssitzungen kontrollieren sie, ob die Mikrofonanlagen und ggf. Übertragungseinrichtungen für die Dolmetscher einwandfrei funktionieren. Defekte Geräte werden ausgetauscht bzw. erforderliche Reparaturen ausgeführt. Während einer Plenarsitzungen überprüfen sie, ob das Rednerpult jeweils auf die richtige Höhe des Redners eingestellt ist, zugleich stellen sie dem Redner ein Glas frisches Wasser bereit. Sie kontrollieren die Abstimmkarten, die den Abgeordneten in eigens dafür vorgesehenen Schließfächern zur Verfügung gestellt werden, auf Vollzähligkeit und überwachen im Einvernehmen mit dem Präsidenten des Bundestages die Abstimmungen im Plenum.

Gelegentlich überbringen Saaldiener Nachrichten und Unterlagen an Abgeordnete in den Plenarsaal und sind ferner Bindeglied zwischen dem Stenographischen Dienst und den Rednern eines Sitzungstages.

Ebenfalls zu den Aufgaben des Plenarassistenzdienstes gehört die Beflaggung auf dem Reichstagsgebäude, innerhalb der Bundestagsgebäude sowie vor den Eingängen der Liegenschaften des Bundestages.

Bei einer Plenarsitzung wird nichts dem Zufall überlassen: Jeder Einsatz wird gründlich vorbereitet, geplant und durchgesprochen. Hier die Vorbereitung auf die Plenarsitzung im Bonner Wasserwerk am 26. Juni 1986.

Alle Stimmkarten für die namentlichen Abstimmungen müssen ständig sortiert und für den späteren Einsatz vorbereitet sein.

Für eine Plenarsitzung sind eine große Anzahl an Drucksachen (Tagesordnungen, Anträge, Beschlussempfehlungen etc.) notwendig.

Die angelieferten Drucksachen werden von den Saaldienern (hier im Wasserwerk in Bonn) sortiert...

... im Plenarsaal verteilt (Neuer Plenarsaal, Bonn) ...

... und nach Plenumsende wieder entsorgt (Reichstagsgebäude, Berlin).

Saaldiener geleiten das religiöse Oberhaupt der Tibeter, den Dalai Lama, bei seinem Besuch am 18. Juni 2005 im Paul-Löbe-Haus des Deutschen Bundestages.

Neben den Mitgliedern des Deutschen Bundestages dürfen sich nur noch Saaldiener – freilich ausschließlich zur Wahrnehmung ihrer Aufgaben – während einer Plenarsitzung im gesamten Plenarsaal uneingeschränkt fortbewegen. Hingegen dürfen sich z. B. Mitglieder des Bundesrats oder auch Minister ohne Bundestagsmandat nur in eigens vorgeschriebenen Bereichen aufhalten.

In Zusammenarbeit mit dem Protokoll des Deutschen Bundestages, ist der „Plenar- und Ausschussassistenzdienst" – so die offizielle Bezeichnung – mit der Vorbereitung und Durchführung besonderer Veranstaltungen des Bundestagspräsidenten, der Vizepräsidenten und anderer repräsentativer Veranstaltungen im In- und Ausland betraut. Besondere Beachtung finden die Saaldiener bei Staatsakten und Staatsbesuchen, weil sie mit ihrem Frack auch dann auffallen, wenn die Besucher in landestypischer Tracht oder in kirchlich-religiösen Kleidern anreisen, wie beispielsweise der 14. Dalai Lama Tenzin Gyatso[13].

Während die Saaldiener auch Ehrengäste des Bundestagspräsidenten auf die Diplomatentribüne im Bundestag begleiten, müssen sie umgekehrt allen, die nicht zugangsberechtigt sind, den Eintritt in den Plenarbereich verwehren und gelegentlich Störungen im Plenarsaal unterbinden.

Bundestagspräsident Norbert Lammert empfängt am 21. Februar 2007 den Generalsekretär der Vereinten Nationen, Ban Ki-moon.

13 Gyatso (* 1935), seit 1940 der Dalai Lama der tibetischen Buddhisten.

Zu den Aufgaben der Saaldiener gehört auch, die Verfassungsorgane und Gäste zu ihren Plätzen im Plenarsaal zu geleiten. So z.B. anlässlich eines Besuches des amerikanischen Präsidenten im Deutschen Bundestag Ronald Reagan in Bonn am 9. Juni 1982...

... und George W. Bush im Reichstagsgebäude in Berlin am 23. Mai 2002.

Neben den zahlreichen protokollarischen Verpflichtungen (hier mit dem Vorsitzenden der palästinensischen Autonomiebehörde, Yasser Arafat am 27. März 2000) sorgen die Saaldiener auch für ...

... einen reibungslosen Plenarablauf ...

... den ordnungsgemäßen Ablauf von Wahlen und Abstimmungen ...

... um dann das Ergebnis einer Abstimmung abzuwarten (hier am 27. April 1972, Mißtrauensvotum gegen Bundeskanzler Willy Brandt).

2.2. Saaldiener bei Störaktionen

Störungen der Plenarsitzungen kommen glücklicherweise selten vor, denn sie sind Ausdruck unparlamentarischen Verhaltens und somit undemokratisch, weswegen die bisherigen Störaktionen auch spektakulär waren und zumeist in der Presse größere Beachtung erhielten.

Erstmals in der Geschichte des Deutschen Bundestages haben am Mittwoch Abgeordnete mit einem Transparent im Plenarsaal demonstriert. Die Mitglieder der Fraktion der Grünen, Petra Kelly und Gaby Gottwald, entfalteten während der Regierungserklärung ein Transparent mit der Aufschrift: „Herr Kohl! Unterstützung der USA in Nicaragua heißt Mitschuld am Tod Albrecht Pflaums." Bild: dpa

Das rote Tuch kann Kohl nicht reizen

Die Grünen kamen mit einem Transparent in den Bundestag — Ein Tag der langen Reden

Von unserem Redaktionsmitglied Günter Müchler

BONN. Als der Bundeskanzler pünktlich um 10 Uhr mit der Darlegung seines Regierungsprogramms begann, saß der spanische Ministerpräsident Felipe Gonzalez auf der Diplomatentribüne, umrahmt von seiner Frau und Kanzler-Ehefrau Hannelore. Das Urteil des Gastes über den deutschen Parlamentarismus ist nicht überliefert. Jedoch hatte Gonzalez ausreichend Gelegenheit, sich zu wundern: etwa über die spärliche Präsenz vor allem auf dem linken Flügel des Hauses, oder darüber, daß die Hälfte der grünen Fraktion beim Einzug des Bundestagspräsidenten entgegen der Sitte auf ihren Plätzen hocken blieb.

Vielleicht hat sich Gonzalez auch über die Form der Regierungserklärung gewundert. Spätestens seit Helmut Schmidt hat es sich in Bonn eingebürgert, Regierungserklärungen in Form von Warenhauskatalogen vorzutragen, in denen nichts fehlen darf. Helmut Kohl hielt sich an dieses Vorbild. Selbst auf die gemeinschaftsfördernde Rolle des Sports verwandte er eine halbe Seite. Schuldbewußt gestand er hernach in der Lobby bei Landwirtschaftsminister Ignaz Kiechle, daß er der Allgäuer Milchwirtschaft kein Wort gewidmet habe. „Aber", flachste Kohl, „was ihr wollt, ist ja Bimbes", was soviel heißen soll wie „Bares".

Saaldiener sorgen für parlamentarische Ordnung - außerhalb und innerhalb des Plenarsaals. Am 4. Mai 1983 wird der Plenarsaal erstmals auch von Abgeordneten für eine Demonstration genutzt.

- Die letzte, stärker wahrgenommene Störaktion fand am 16. Januar 2008 statt: Während der Debatte setzten Abgeordnete der Fraktion DIE LINKE. Masken auf, auf denen das Porträtfoto eines CDU-Ministerpräsidenten mit einer langen Pinocchio-Nase zur Fratze verunstaltet worden war. Damit sollte der Ministerpräsident als Lügner diffamiert werden. Der amtierende Präsident forderte die Parlamentarische Geschäftsführerin der Fraktion DIE LINKE. auf, dafür zu sorgen, dass die Masken abgesetzt werden, sonst hätten die Saaldiener die Abgeordneten aus dem Plenarsaal entfernen müssen.
- Spektakulär war die Störaktion am 27. April 2007: Während der Plenarsitzung sprangen Gäste von der Besuchertribüne in den Plenarsaal. Gleichzeitig seilten sich ebenfalls mit Bergsteigerausrüstung ausgestattete Besucher von der Dachterrasse des Reichstagsgebäudes herab und entrollten über der Inschrift „DEM DEUTSCHEN VOLKE" ein Transparent mit der Aufschrift „Der deutschen Wirtschaft". Da Ausrüstungsgegenstände und Seile bei betreten des Reichstagsgebäudes von Sicherheitskräften hätten entdeckt werden müssen, drängte sich der Verdacht auf, dass Mitglieder des Deutschen Bundestages, also Abgeordnete, die Demonstranten massiv unterstützt haben.
- Bekannt ist auch die Störaktion von drei PDS-Abgeordneten, die während einer Rede des Präsidenten der Vereinigten Staaten von Amerika, George W. Bush[14], am 23. Mai 2002 im Plenarsaal ein Transparent enthüllten, dass die Aufschrift trug: „Mr. Bush + Mr. Schröder Stop Your Wars" (übersetzt: Herr Bush + Herr Schröder[15], beenden Sie Ihre Kriege") – eine Anspielung auf die Invasion von US-Truppen und den Auslandseinsatz der Bundeswehr in Afghanistan. Durch das beherzte Einschreiten eines Saaldieners wurde den demonstrierenden Abgeordneten das Transparent entrissen und die Störaktion blieb nahezu unbemerkt. Präsident Bush, der die Situation sofort erfasste und das umsichtige Vorgehen des Saaldieners zu schätzen wusste, bedankte sich im Anschluss an seine viel beachtete Rede persönlich bei dem Frackträger. In einem Gespräch entschuldigten sich die Fraktionsvorsitzenden für das Verhalten ihrer Kollegen. Bush bemerkte daraufhin lakonisch: „Demokratie hält das aus".
- Eine der ersten Störaktionen im Deutschen Bundestag war am 18. Mai 1983 von einer Gruppe Jugendlicher provoziert worden. Sie kam auf Einladung der Fraktion Die Grünen zu einer Sonderveranstaltung mit dem Titel „Jugendfragestunde" in den Bonner Plenarsaal und setzte sich überwiegend aus politisch im linken Spektrum agierenden Studenten aus Berlin (West) zusammen.

14 Bush (* 1946), 1994 Gouverneur des US-Bundesstaates Texas, 1995-2009 Präsident der Vereinigten Staaten von Amerika.

15 Gerhard Schröder (* 1944), 1980-1986 und 1998-2005 Mitglied des Deutschen Bundestages, 1990-1998 Ministerpräsident von Niedersachsen, 1998-2005 Bundeskanzler der Bundesrepublik Deutschland.

Transparente wurden entrollt und das Hoheitssymbol, der bundesrepublikanische Adler mit Farbbeuteln beworfen. Für zahlreiche Störer hatte die Aktion strafrechtliche Konsequenzen. Direkt mit dem Vorwurf konfrontiert, die Störer hätten im Einvernehmen mit der Grünen-Fraktion agiert, wich der damalige Sprecher der Grünen, Joschka Fischer[16], aus, sicherte aber im Ältestenrat immerhin zu, sich nach Kräften darum zu bemühen, dass ein solcher Vorfall nicht mehr möglich werde.

- Während diese Störaktionen in die Geschichte des Deutschen Bundestages eingegangen sind, bleibt bis heute die Störaktion der Fraktion Die Grünen anlässlich der Gedenkrede am 10. November 1988 zur 50. Wiederkehr des Novemberpogroms (sog. „Reichskristallnacht" am 9. November 1938) überschattet vom Rücktritt des Bundestagspräsidenten Philipp Jenninger[17] (CDU/CSU) am 11. November 1988. Schon im Vorfeld seiner Gedenkrede äußerten Abgeordnete der Fraktion Die Grünen öffentlich ihren Unmut über die Tatsache, dass Jenninger selbst die Rede halten würde. Sie forderten, dass der Vorsitzende des Zentralrates der Juden in Deutschland, Heinz Galinski[18], sprechen sollte. Doch Rederecht kann im Bundestag nur der Bundestagspräsident erteilen. In der festen Absicht, Jenningers Rede zu stören, standen Mitglieder der Grünen-Fraktion kurz nachdem Jenninger das Wort ergriff auf, liefen im Plenarsaal herum und demonstrierten mit Zwischenrufen ihr Desinteresse und ihre Missachtung an Jenningers Rede. Vergeblich bat

Protestschilder werden am 23. April 1998 aus dem Plenarsaal entfernt.

16 Fischer (*1948), 1983-1985 und 1994-2005 Mitglied des Deutschen Bundestages, 1985-1987 und 1991-1994 hessischer Umweltminister sowie 1991-1994 hessischer Minister für Bundesangelegenheiten, 1998-2005 Außenminister der Bundesrepublik Deutschland.

17 Jenninger (*1932), 1969-1990 Mitglied des Deutschen Bundestages, 1984-1988 Präsident des Deutschen Bundestages.

18 Galinski (1912-1992), 1949-1992 erster Vorsitzender der jüdischen Gemeinde Berlins, 1954-1963 und 1988-1992 Vorsitzender bzw. Präsident des Zentralrates der Juden in Deutschland.

Jenninger die unruhestiftenden Grünen angesichts einer solchen Feierstunde, in der die deutsche Schuld am Holocaust öffentlich bekundet werde, mit den Störungen aufzuhören. Das Feld für eine Skandalisierung war vorbereitet. Jenninger trat nach großem öffentlichen Druck von seinem Amt zurück. Vorgeblich, weil er eine schlechte Rede gehalten hatte. Jahre später bekannte Ignatz Bubis[19], der Präsident des Zentralrats der Juden, die zentralen Passagen der Jenninger-Rede für eine eigene Ansprache verwandt zu haben. Im Gegensatz zu Jenninger, erntete Bubis lebhaften Beifall.

Noch einmal: Störaktionen wie sie hier aufgezählt wurden, sind Ausdruck unparlamentarischen Verhaltens und glücklicherweise sehr selten! Sind Mitglieder des Deutschen Bundestages an Störungen beteiligt, werden diese durch den Bundestagspräsidenten mit Ordnungsmaßnahmen zurecht gewiesen und können sogar mit Sitzungsausschluss bestraft werden. Gehen die Störungen von Besuchern des Bundestages aus, können je nach Ausmaß der Störung diese auch strafrechtlich verfolgt werden.

2.3. Der Saaldiener im Gefüge der Bundestagsverwaltung

Etwa 50 Männer und Frauen zählt der Plenar- und Ausschussassistenzdienst zur Zeit. In sitzungsfreier Zeit werden von ihnen unterschiedliche Dienstleistungen im Bundestag abgedeckt. So schreibt denn auch die Bundesagentur für Arbeit in ihrem Internetangebot unter der Rubrik: „Berufe von A bis Z“ über den Saaldiener:

> „Wohl die bekanntesten Saaldiener/innen Deutschlands sind die des Deutschen Bundestages, die mittlerweile auch Bezeichnungen führen wie Plenarassistent/in oder Parlamentsassistent/in.
>
> In ihrer Dienstkleidung, dem typischen dunkelblauen Frack mit Goldknöpfen und Bundesadler, sorgen sie dafür, dass nur die jeweils Berechtigten Zutritt zum Plenarsaal oder zu Sitzungen von Arbeitsgruppen und Parlamentsausschüssen erhalten. Dafür ist ein gutes Personen- und Namensgedächtnis erforderlich. ...“[20]

Innerhalb der Verwaltung des Deutschen Bundestages gehören die Saaldiener zum Bereich der „Zentralabteilung“. In dieser Abteilung sind u. a. auch die Personalreferate, das Justiziariat sowie andere Dienste für die gesamte Parlamentsverwaltung angesiedelt. Dazu gehört traditionell das Referat ZT 4 (Logistik) mit seinen Untergliederungen: Tagungsbüro, Plenarassistenzdienst, Botenmeisterei, Poststelle usw. Längst hätte man den Plenarassistenzdienst auch zur Unterabtei-

19 Bubis (1927-1999), 1992-1999 Präsident des Zentralrates der Juden in Deutschland.
20 http://berufenet.arbeitsagentur.de/

Die zentrale Schaltstelle der Saaldiener im Plenarsaal ist im hinteren Teil des Präsidiums. Von hier werden Tontechniker informiert, das Rednerpult in der Höhe verstellt, Besuchertribünen überwacht und vieles mehr. Dieser Arbeitsplatz überschaut den Plenarsaal sowohl im Berliner Reichstagsgebäude…

… im Neuen Plenarsaal in Bonn…

... und tat dies auch im „alten" Bonner Plenarsaal. Hier während einer Plenarsitzung am 30. Juni 1961. (Bundeskanzler Adenauer rechts im Bild.)

Im Bonner Wasserwerk war dieser Arbeitsplatz an gleicher Stelle im hinteren Bereich des Präsidiums angebracht, aufgrund der räumlichen Gegebenheiten jedoch wesentlich eingengter. Eine Plenarsitzung konnte hier sehr lang werden.

lung „Parlamentsdienste" zählen können, wo die Vorbereitung und Betreuung der Plenarsitzungen erfolgt[21], doch hat sich diese organisatorische Zuteilung in Hinblick auf Verwaltungsabläufe als unproblematisch erwiesen.

Gleichgültig, ob die Plenarassistenzdienste irgendwann einmal aus ihrer bisherigen Organisationsstruktur herausgelöst werden würden, durch ihre besondere Kleidung und ihr besonderer Tätigkeitsort, nämlich dem Plenarsaal des Deutschen Bundestages, dem Herzstück der Demokratie in Deutschland, gilt ihnen die bereits konstatierte Neugierde der Presse und ein breites Interesse in der Öffentlichkeit.

3. Der Saaldiener in der Geschichte der deutschen Parlamente

3.1. Im Reichstag der Kaiserzeit

Die Tätigkeit von Saaldienern lässt sich bereits für die Anfänge des Reichstags in der Kaiserzeit belegen. Die Reichstagspräsidenten hatten schon im 19. Jahrhundert zur Wahrnehmung ihrer Aufgaben in der Sitzungsleitung ein sogenanntes „Reichstagsbureau" eingerichtet, dessen Mitglieder im Einzelfall auch im Plenarsaal Ordnungsdienste wahrzunehmen hatten. Da der Plenarsaal traditionell Mitgliedern des Reichstags, also den Abgeordneten vorbehalten war, schien eine sichtbare Unterscheidung der Saaldiener von den Abgeordneten unumgänglich.

Schon auf frühen Fotografien aus dem Reichstag der Bismarckzeit sind wiederholt Saaldiener auszumachen. Sie trugen – dem Geschmack der Zeit entsprechend – über der Hose eine Weste und einen Gehrock. Womit sie sich aber keineswegs originär von den Mitgliedern des Reichstags unterschieden. Statt ein besonderes Kleidungsstück zu tragen, war auf ihrer linken Schulter – auch im Unterschied zu den übrigen Angestellten des „Reichstagsbureaus" – eine weiße Schulterklappe angebracht, wie man sie z. B. vergleichsweise von Militäruniformen kennt. Weitere Unterscheidungsmerkmale konnten mit Hilfe der wenigen erhaltenen Fotografien und mangels einschlägiger Akten bislang nicht ausgemacht werden[22].

Immerhin ist bekannt, dass die Saaldiener neben ihrem Grundgehalt eine „Entschädigung für selbstbeschaffte Dienstkleidung von jährlich 30 Mark" erhalten hatten. Zum Leidwesen des Direktors beim Reichstag nutzten jedoch viele

---

21 Dazu kritisch Christian von Boetticher, *Parlamentsverwaltung und parlamentarische Kontrolle* (= Beiträge zum Parlamentsrecht, Bd. 53), Berlin 2002, S. 162.

22 Andreas Biefang, *Das Parlament in der Leipziger Straße. Fotographiert von Julius Braatz*, (= Photodokumente zur Geschichte des Parlamentarismus und der politischen Parteien, Bd. 6), Düsseldorf 2002, S. 144, 145, 150, 196, 198, 224, 225; vgl. dazu das Foto vom Reichstagsbureau 1889, S. 78; vgl. dazu das Foto mit dem Portier von 1889, S. 64.

Blick in den Plenarasaal des Deutschen Reichstages in der Leipziger Strasse aus dem Jahre 1889. In der hinteren Bildmitte sind Saaldiener an ihren Schulterklappen zu erkennen.

Saaldiener die zusätzliche Entschädigung für private Zwecke, mit der Folge, dass die Anzüge möglichst lange getragen wurden und sich deswegen – wie es in einem Vermerk hieß – „häufig in wenig guter Verfassung befanden".

Auch deswegen hatte schließlich 1911 Reichstagspräsident Hans Graf von Schwerin-Löwitz[23] (Konservative Partei) dem Direktor beim Reichstag seine Zustimmung zu einem Vorschlag zur „Neuregelung der Dienstkleidungsfrage" erteilt. Demnach sollten „Frackanzüge" durch die Verwaltung angeschafft werden. Zweck der „Neuregelung" sollte es sein, „dass die Anzüge der Diener sich stets in tadellosem Zustande befinden, worauf bei der Eigenart des Reichstagsdienstes besonderer Wert gelegt werden" sollte. Der Reichstagsverwaltung erwuchsen durch die Neuregelung keine Mehrausgaben mehr, da die Frackanzüge von der Verwaltung selbst „in Ordnung gehalten" und sich, wie man hoffte, „bestimmt länger als drei Jahre in wirklich gutem Zustande befinden" würden[24].

23 Schwerin-Löwitz (1847-1918), 1910-1911 Reichstagspräsident.

24 Vgl. das Gutachten des Rechnungshofes des Deutschen Reichs für die Kasse des Reichstags für das Jahr 1911 in: Bundesarchiv R 2301/7292, Blatt 33r-v. Vgl. auch GERHARD HAHN, *Die Reichstagsbibliothek zu Berlin – ein Spiegel deutscher Geschichte. Mit einer Darstellung zur Geschichte der Bibliotheken der Frankfurter Nationalversammlung, des Deutschen Bundestages und der Volkskammer sowie einem Anhang: Ausländische Parlamentsbibliotheken unter nationalsozialistischer Herrschaft und Dokumenten* (= Veröffentlichung der Kommission für Geschichte des Parlamentarismus und der politischen Parteien in Bonn), Düsseldorf 1997, S. 140.

Schon an der 1911 geführten Diskussion um die Neuregelung einer Dienstkleidervorschrift für die Saaldiener wird deutlich, dass der Reichstagspräsident und sein Direktor bemüht waren, eine der Würde des Parlaments angemessene Bekleidung für die Saaldiener zur Verfügung zu haben. Zwar war in diesem Zusammenhang von der Würde des Parlaments noch keine Rede, doch war genau diese gemeint, wenn 1911 der Reichstagspräsident und sein Direktor sich um ein ordentliches Erscheinungsbild der Saaldiener bemühten.

3.2. Im Reichstag der Weimarer Zeit

Nach dem Ersten Weltkrieg waren die Regelungen für eine Dienstkleiderordnung für Saaldiener in Vergessenheit geraten. Der Reichstag der Weimarer Republik kannte keine vergleichbare Kleiderordnung. Bislang ist nicht bekannt, woran die Saaldiener des Reichstags, die Angehörige der Botenmeisterei[25] waren, in den Jahren zwischen den beiden Weltkriegen erkennbar und von den Abgeordneten unterscheidbar waren[26].

Es mag auch an dem langjährigen Parlamentspräsidenten Paul Löbe[27] (SPD) gelegen haben, dass Kleidervorschriften nicht erlassen wurden. Löbe stammte aus einfachen Verhältnissen. Ein ausgeprägtes soziales Empfinden kennzeichnete ihn. Löbe hatte keinen Sinn für besondere Kleidervorschriften, am allerwenigstens für einen Frack, der als vornehme Herrengarderobe galt. Der Weimarer Reichstag war das erste auf Grund von freien, geheimen und gleichen Wahlen konstituierte Parlament des deutschen Volkes. Da war es unschicklich, den Saaldiener einer vom Souverän gewählten Volksvertretung mit einer Uniform auszustaffieren, die an die vergangene Kaiserzeit und ihr Brimborium hätten erinnern können. Es galt also, die seit 1922 in der Geschäftsordnung des Reichstags ausdrücklich eingeforderte „Würde" des Parlaments[28] mit anderen Mitteln zu wahren, was manches Mal nicht gelang[29], auch wenn der langjährige Parlaments-

25 Die Reichstagsverwaltung, „Reichstagsbureau" genannt, gliederte sich in folgende Teile: Archiv, Kalkulatur, Kasse, Botenmeisterei, Hausdruckerei, Stenographisches Büro und Bibliothek. Vgl. [Ernst] Scholz, *Die innere Organisation des Reichstags*, in: *Der deutsche Reichstag. Eine kurze Einführung in seine Arbeit und seine Organisation*, hrsg. von Paul Löbe, Berlin 1929, S. 15.

26 Vgl. Thomas Mergel, *Parlamentarische Kultur in der Weimarer Republik. Politische Kommunikation, symbolische Politik und Öffentlichkeit im Reichstag* (= Beiträge zur Geschichte des Parlamentarismus und der politischen Parteien, Bd. 135), Düsseldorf 2002.

27 Löbe (1875-1967), 1919-1920 Mitglied der Verfassunggebenden Deutschen Nationalversammlung in Weimar, 1920-1933 Mitglied des Reichstages, 1920-1924 und 1924-1932 Präsident des Reichstags, 1949-1953 Mitglied des Deutschen Bundestages, 1949 Alterspräsident des Deutschen Bundestages.

28 Vgl. dazu: *Die Geschäftsordnungen deutscher Parlamente seit 1848. Eine synoptische Darstellung.* Mit einer Einführung von Norbert Lammert, Bonn 1986, Tafel zu Paragraph 7.

29 Vgl. dazu z. B.: Paul Löbe, *Der Weg war lang. Erinnerungen* , Berlin 52002, S. 147-149, 199-203.

präsident Paul Löbe wohl zu Recht Jahre später feststellte: „Solange ich amtiert habe, sind nur zweimal Tätlichkeiten vorgekommen“[30].

4. Eine Dienstkleidung für die Saaldiener im Deutschen Bundestag

Als sich am 7. September 1949 in Bonn der 1. Deutsche Bundestag konstituierte, hatte niemand an eine Dienstkleidung oder Uniform für jene Herren gedacht, die – abgesehen von den Mitgliedern des Deutschen Bundestages – zukünftig ebenfalls Zutritt zum Plenarsaal haben sollten, um dort im Auftrag des Bundestagspräsidenten Dienste wahrzunehmen. Im Gegenteil: Nach dem verlorenen Zweiten Weltkrieg gab sich die als Provisorium gegründet Bundesrepublik Deutschland höchst bescheiden, schlicht und schnörkellos; und entsprechend verzichtete auch der Deutsche Bundestag auf luxuriösen Pomp, feierliches Zeremoniell und großmannsüchtiges Gebaren. So gesehen knüpfte der Bonner Bundestag nicht nur in Fragen der Geschäftsordnung[31], sondern auch in Stilfragen an Weimar an.

Diese Armbinde hatten die Saaldiener nach dem Zweiten Weltkrieg über ihrer priivaten Kleidung zu tragen.

Die kleine, noch im Aufbau befindliche Parlamentsverwaltung, zählte 1949 immerhin schon 434 Stellen[32] und verfügte über erfahrenes Personal aus den Landtagen, den Verwaltungen der Besatzungszonen, dem Wirtschaftsrat für das Vereinigte Wirtschaftsgebiet (bestehend aus der amerikanischen und britischen Zone; sog. „Bizone“) und dem Parlamentarischen Rat[33], kannte aber auch in Ermangelung an historischen Vorbildern aus dem Reichstag der Weimarer Zeit keine Dienstkleidung für jene im Plenarsaal Diensttuenden.

30 MICHAEL F. FELDKAMP, *Reichstag und Bundestag*. Edition eines wiederentdeckten Vortrags von PAUL LÖBE aus dem Jahre 1951, in: Zeitschrift für Parlamentsfragen 38 (2007), S. 376-400, hier S. 386f.

31 Vgl. dazu UDO WENGST, *Staatsaufbau und Regierungspraxis 1948-1953. Zur Geschichte der Verfassungsorgane der Bundesrepublik Deutschland* (= Beiträge zur Geschichte des Parlamentarismus und der politischen Parteien, Bd. 74), Düsseldorf 1984, S. 198ff.

32 PETER SCHINDLER, *Datenhandbuch zur Geschichte des Deutschen Bundestages 1949 bis 1999*. Gesamtausgabe in drei Bänden. Eine Veröffentlichung der Wissenschaftlichen Dienste des Deutschen Bundestages, Baden-Baden 1999, Bd. III, S. 3426.

33 WENGST, *Staatsaufbau*, S. 208-211. Zur Verwaltung des Parlamentarischen Rates vgl. auch *Der Parlamentarische Rat 1948-1949*, Bd. 10: *Ältestenrat, Geschäftsordnungsausschuß und Überleitungsausschuß*, bearb. von MICHAEL F. FELDKAMP, München 1997, S. IL-LI.

4.1. Krawatte und Armbinde

Deswegen führte die Bundestagsverwaltung zunächst nur zwei verbindliche Kleidervorschriften für die Saaldiener ein. Zum einen mussten sie eine Krawatte tragen, zum anderen erhielten sie eine grüne Binde am linken Oberarm, die die Aufschrift „Hausordnungsdienst" trug[34] um deutlich erkennbar die berufliche Funktion zu unterstreichen. Ansonsten trugen die Saaldiener wie bereits in der Weimarer Zeit ihre eigene Kleidung.

Eigentliche Saaldiener übrigens gab es nicht. Wie schon in der Kaiserzeit und in den Weimarer Jahren, wurden die Hausordnungsdienste von den Botendiensten der Parlamentsverwaltung wahrgenommen. Deswegen trugen unterschiedslos Pförtner, Boten und Saaldiener diese Armbinde.

Die Armbinde war nur eine vorübergehende Lösung. Schon am 8. November 1949 legte der zuständige „Organisationsausschuss des Deutschen Bundestages" (Ausschuss Nr. 4), der vornehmlich den Bundestagspräsidenten beim Aufbau der Bundestagsverwaltung beraten sollte, im Beisein von Bundestagspräsident Erich Köhler[35] (CDU/CSU) sowie des langjährigen Reichstagspräsidenten der Weimarer Zeit und Bundestagsabgeordneten Paul Löbe (SPD) fest:

> „Die Pförtner, Boten und Saaldiener sollen in schlichter, einfacher und doch gut kenntlicher Uniform eingekleidet werden".

Ein Saaldiener (stehend, rechts der Bildmitte) mit seiner „schlichten, einfachen und gut kenntlichen" Uniform im Plenarsaal, während der Wahl von Eugen Gerstenmaier zum Bundestagspräsidenten am 16. November 1954.

34 Karl Heinz Schmitt, *Im Dienst des Hohen Hauses 1949-1991. Der Platzmeister erzählt*, Stuttgart 1995, S. 32, 37.

35 Köhler (1892-1958), 1947-1949 Präsident des Wirtschaftsrates für das Vereinigte Wirtschaftsgebiet, 1949-1957 Mitglied des Deutschen Bundestages, 1949-1950 Präsident des Deutschen Bundestages.

Solange diese Uniform nicht angeschafft wurde, hatten die Saaldiener in den ersten Monaten des Bestehens des Deutschen Bundestags während des Dienstes ihre meist einfache aber – darauf wurde peinlich geachtet – gepflegte Zivilkleidung zu tragen. Diese Kleidung war in den seltensten Fällen in einem dem Bundestag angemessenen Zustand, weil sich die Saaldiener angesichts knapper Löhne im Nachkriegsdeutschland und persönlich ärmlicher Verhältnisse kaum einen guten Anzug leisten konnten.

4.2. Die „Schaffneruniform"

Anfang des Jahres 1950 unterbreitete die Bundestagsverwaltung erstmals einen Vorschlag, wie eine Uniform, wie sie dem Organisationsausschuss vorschwebte, aussehen könnte. Die Uniform wurde am 1. Februar 1950 im Vorstand des Bundestages vorgeführt[36]. Sie setzte sich zusammen aus einer schwarzen, aus dickem Baumwollstoff bestehenden Hose, einem dunkelblauen[37] Zweireiherjackett mit sechs goldenen Knöpfen auf der Brustseite und einem blauen Hemd mit schwarzer Krawatte[38]. Auf der linken Schulter waren die Buchstaben „Bt" für Bundestag angebracht.

Das Urteil über diesen Uniformenwurf war gespalten: Bundestagspräsident Erich Köhler bezeichnete sie als „zweckmäßig". Vizepräsident Carlo Schmid[39] (SPD) hatte hingegen zugegeben, dass er „einen mehr zivilen Schnitt der Uniform lieber gesehen" hätte. Insbesondere Schmids Bemerkung lässt die Vermutung zu, dass dieser Uniformentwurf möglicherweise auffallende Ähnlichkeiten mit der klassischen Ausgehuniform eines Soldaten aufwies. Im Rückblick bezeichnete der spätere Bundestagspräsident Eugen Gerstenmaier[40] (CDU/CSU) diese Uniform in seinen Lebenserinnerungen gar abschätzig als „Schaffneruniform"[41].

36 Der „Vorstand des Bundestages" bestand neben dem Ältestenrat von der 1. bis 5. Wahlperiode und war im Gegensatz zum Ältestenrat ein Beschlussorgan des Bundestages. Er regelte u. a. die inneren Angelegenheiten der Bundestagsverwaltung. Außer dem Präsidenten und den Vizepräsidenten gehörten bis zur Änderung der Geschäftsordnung 1961 dem Vorstand die Schriftführer und die Parlamentarischen Geschäftsführer an. Vgl. Schindler, *Datenhandbuch 1949 bis 1999*, Bd. I, S. 882.

37 Das geht aus einem Protokoll der 31. Sitzung des Organisationsausschusses vom 16. Oktober 1950, hervor. Vgl. Parlamentarchiv.

38 Vgl. Schmitt, *Im Dienst*, S. 37.

39 Schmid (1896-1979), 1946 Präsident des Staatssekretariats und Staatssekretär für Justiz des Landes Württemberg-Hohenzollern; 1947 Justizminister und stellvertretender Staatspräsident ebd., 1948-1949 Mitglied des Parlamentarischen Rates, 1949-1972 Mitglied des Deutschen Bundestags, 1949-1966 und 1969-1972 Vizepräsident des Deutschen Bundestages, 1966-1969 Bundesminister für die Angelegenheiten des Bundesrates.

40 Gerstenmaier (1906-1986), 1949-1969 Mitglied des Deutschen Bundestages, 1954-1969 Präsident des Deutschen Bundestages.

41 Eugen Gerstenmaier, *Streit und Friede hat seine Zeit. Ein Lebensbericht*, Frankfurt/Main–Berlin–Wien 1981, S. 366.

5. Eröffnungszeremoniell für die Plenarsitzungen

Nach dem Beitritt der Bundesrepublik Deutschland zum Europarat im Juli 1950[42] nahm im August 1950 erstmals eine Delegation des Deutschen Bundestages an der Beratenden Versammlung des Europarates teil. Für die Teilnehmer aus der jungen Bundesrepublik war diese Delegationsreise – die von viel unrühmlichem Pressewirbel begleitet worden war[43] – ein großartiges politisches Ereignis[44]. Angeregt durch die dort gewonnenen Eindrücke bekräftigte der Vorsitzende des Organisationsausschusses Karl Mommer[45] (SPD) am 27. September 1950 im Organisationsausschuss, dass es der Bundesrepublik gut anstünde, wenn „die Tagungsstätte des Parlaments – auch als Symbol der Demokratie – eine entsprechende Ausgestaltung erfahren" würde. Detailliert schilderte Mommer, dass das Straßburger Parlamentsgebäude, ähnlich dem Bundeshaus, zwar ein nüchterner Zweckbau, dafür aber wesentlich geschmackvoller eingerichtet sei. Er wisse freilich, dass dies mit höheren Kosten verbunden sei, dennoch sollte man zunächst „kleine Fortschritte" anstreben. Die Anregung Mommers gefiel den Mitgliedern des Organisationsausschusses. Mommer führte u. a. aus:

> „[...] 3) Die Saaldiener [gemeint sind: die Saaldiener der Beratenden Versammlung des Europarates in Straßburg] seien mit Frack und Amtskette bekleidet. In diesem Zusammenhang wird die noch unbefriedigende Lösung der Amtstracht für die Saaldiener [des Bundestages] besprochen. Diese Frage soll noch eingehend mit dem Bundestags-Direktor erörtert werden. Auch sollten die Saaldiener bei Rednerwechsel die Mikrophone und die Pulthöhe richtig einstellen.
>
> 4) Die Ehrung des Präsidenten [gemeint ist: des Präsidenten der Beratenden Versammlung des Europarates] durch Erheben von den Sitzen zu Beginn der Sitzung erscheint nachahmenswert".

In dieser Septembersitzung des Organisationsausschusses war erstmals von einem Frack für die Saaldiener – freilich des Straßburger Parlamentes – die Rede. Die Anregungen des Organisationsausschusses vom September 1950 blieben zunächst folgenlos.

---

42 Der Deutsche Bundestag beschloss am 15. Juni 1950 den Beitritt zum Europarat und wählte am 26. Juli 1950 die Delegierten der Bundesrepublik. Vgl. *Deutscher Bundestag, Stenographische Berichte*, Bd. 4, S. 2837-2839.

43 Zeitgenössisch wurde vom „Bonner Pressekrieg" gesprochen.

44 Vgl. dazu den ausführlichen Bericht von Carlo Schmid, *Erinnerungen*, Bern-München-Wien 1979, S. 462-473.

45 Mommer (1910-1990), 1949-1969 Mitglied des Deutschen Bundestages, 1966-1969 Vizepräsident des Deutschen Bundestages.

Der langjährige Reichstagspräsident Paul Löbe stellte in einer Rede vor den Mitgliedern der „Deutschen Parlamentarischen Gesellschaft" in Bonn am 20. Juli 1951 heraus, mit welch großem Respekt die französischen Abgeordneten ihrem Parlamentspräsident begegneten, der nahezu in einer „kleinen Prozession" den Sitzungssaal mit Gefolge betrete: „Voran zwei Trommler mit ihren Wirbeln, dann der Kommandant der Parlamentswache, dann kommt der Bürodirektor, der den Degen des Präsidenten auf einem Kissen trägt"[46]. Doch das war nach Löbe für den Bundestag nicht nachahmenswert[47]. Vizepräsident Carlo Schmid berichtete in seinen Erinnerungen von dem „Gepränge", mit dem der Speaker des britischen Unterhaus in den Sitzungssaal geleitet wird und vom militärischen Prunk in der Assemblée Nationale in Paris. Auch Schmid verwarf militärisches Gebaren für den Bundestag genauso entschieden[48] wie eine Amtskette für die Saaldiener im Bundestag. Er schrieb Jahrzehnte später in seinen Erinnerungen:

> „Wir konnten auch nicht den Saaldienst durch silberkettengeschmückte Huissiers[49] versehen lassen, aber etwas mehr Förmlichkeit als bislang sollten wir doch einführen können."[50]

In seiner nächsten Sitzung am 16. Oktober 1950, keine drei Wochen später, befasste sich der Organisationssausschuss erneut mit dieser Frage:

> „Anlaß zur Erörterung dieser Frage gab die vom Organisationsausschuß in einer der vorhergehenden Sitzungen gemachte Anregung, dass die Eröffnung der Bundestags-Plenarsitzungen in einer etwas feierlicheren Form vonstatten gehen sollte. Man dachte dabei auch an das Vorbild anderer Länderparlamente[51], in denen das Erscheinen des Parlamentspräsidenten angekündigt wird, worauf sich die Anwesenden erheben. Wenn eine ähnliche Übung auch beim Bundestag Platz greifen sollte, müsste eine bessere Lösung für die Bekleidung der im Plenarsaal Dienst tuenden Diener gefunden werden. Der Vorschlag einige Saaldiener mit einem Frack zu bekleiden, findet keinen Anklang; auch nicht eine übertriebene Uniformierung. Deshalb wird angeregt, die Saaldiener dadurch etwas hervorzuheben, daß man ihre jetzigen blauen Röcke mit goldenen Knöpfen und ggfs. auch einer goldenen Litze versieht. Was die Eröffnungszeremonie anbelangt, so sieht der Ausschuß für deren Einführung jetzt den richtigen Zeitpunkt für gekommen, zu dem der neue Präsident sein Amt übernimmt.

46 Feldkamp, *Reichstag und Bundestag*, Vortrag von Löbe, S. 391.

47 Ebd. S. 392.

48 Die Vermutung von Petra Weber, *Schmid, Carlo*, in: *Biographisches Handbuch der Mitglieder des Deutschen Bundestages 1949 – 2002*, hrsg. von Rudolf Vierhaus und Ludolf Herbst unter Mitarbeit von Bruno Jahn, München 2002, S. 749-751, hier S. 750, Schmid hätte bei der Einführung des Zeremoniells „die französische Nationalversammlung vor Augen gehabt", ist entsprechend zu korrigieren.

49 Altfranzösischer Begriff: Türsteher. In Frankreich heißt der Saaldiener im Plenum „huissier de parlementaire". Vgl. auch Schmitt, *Im Dienst*, S. 93.

50 Schmid, *Erinnerungen*, S. 476.

51 Mit „Länderparlamenten" waren nicht die Parlamente andere Länder der Bundesrepublik Deutschland gemeint, sondern die Parlamente anderer Staaten.

> Er stimmt aber darin überein, dass dieses Thema gründlich in den Fraktionen erörtert werden muß, auch im Hinblick auf alle psychologischen Auswirkungen. Es ergeben sich folgende Möglichkeiten: Die Herren Schriftführer geleiten den Herrn Präsidenten zu seinem Platze oder der oberste Beamte des Hauses, der Direktor des Bundestages, oder aber einige Saaldiener, und beim Eintritt des Präsidenten in der Mitteltür des Plenarsaales ertönt ein Gong als Zeichen dafür, dass nun der Präsident erscheint und sich die Abgeordneten sowie die Anwesenden auf den Tribünen erheben."

Nun erwog Bundestagspräsident Köhler aus gesundheitlichen Gründen bereits seit Wochen seine Amtsniederlegung, die am 13. Oktober 1950 erfolgte. Schon während seiner Krankheit führte Vizepräsident Carlo Schmid die Geschäfte des Bundestagspräsidenten. Er nutzte dieser Zeit, die Fraktionsvorsitzenden für „die Einführung eines schlichten Zeremoniells zu gewinnen". Mit Ausnahme einiger kleinerer Fraktionen waren die Mitglieder der Fraktionsvorstände damit einverstanden. Widerstand gab es aber auch bei den Mitgliedern seiner eigenen Fraktion. Es entsprach nicht den „demokratischen Überzeugungen" der SPD, „die ihnen Formalitäten solcher Art überflüssig erscheinen ließen". Doch konnte Schmid „auch sie überzeugen, dass gerade eine Demokratie Zeremonien nötig hat, in denen der Respekt des Volkes und seiner Vertreter vor der gesetzgebenden Gewalt zum Ausdruck kommt"[52].

Mit der Wahl eines neuen Bundestagspräsidenten verband sich für Schmid, Mommer und manch anderem Abgeordneten die Hoffnung, dass vielleicht schon bei der Amtseinführung ein Eröffnungszeremoniell gefunden werden könnte sowie eine angemessene Bekleidung für die Saaldiener angeschafft würde. Beide Elemente waren eng miteinander verbunden. Es war den Mitgliedern des Organisationsausschusses klar, dass zu einem feierlichen und förmlichen Auftritt des Präsidenten auch ein angemessen bekleideter Tross gehörte. Der Direktor konnte schwerlich auf eine Uniform verpflichtet werden, am allerwenigsten die den Präsidenten begleitenden Schriftführer – Saaldiener hingegen schon.

Am 19. Oktober 1950 wählte der Bundestag mit Hermann Ehlers[53] (CDU/CSU) einen neuen und – wie sich bald erweisen sollte – starken Bundestagspräsidenten. Der Wunsch des Organisationsausschusses, schon zur ersten Sitzung des neugewählten Parlamentspräsidenten das geplante Eröffnungszeremoniell einzuführen, scheiterte jedoch: Parlamentspräsident Ehlers – ein Jurist mit „bibelfeste[r] theologische[r] Bildung"[54] – war nicht willens, die Einführung der

---

52 Schmid, *Erinnerungen*, S. 476f.

53 Ehlers (1904-1954), 1949-1954 Mitglied des Deutschen Bundestag, 1950-1954 Präsident des Deutschen Bundestages.

54 Hermann Ehlers. *Präsident des Deutschen Bundestages. Ausgewählte Reden, Aufsätze und Briefe 1950-1954*. Hrsg. und eingeleitet für die Hermann-Ehlers-Stiftung von Karl Dietrich Erdmann, bearb. von Rüdiger Wenzel, Boppard 1991, S. 3.

Weiße Handschuhe waren, mit der Einführung des Frack 1955, Teil der offiziellen Dienstkleidung und wurden somit auch während der Plenarsitzungen getragen.

Eröffnungsfeierlichkeiten mit seinem Amtsantritt zu verbinden. Ehlers schien jedoch grundsätzlich nicht abgeneigt, dem vorgeschlagenen Eröffnungsverfahren zuzustimmen, doch wollte er „selbst keine Initiative in dieser Richtung entfalten"[55]. So blieb es Aufgabe des Vorsitzenden des Organisationsausschusses Mommer, diesen Vorschlag den Fraktionen zur Beratung zu überweisen. Am 7. Dezember 1950 unterbreitete Mommer den Fraktionsvorständen den Beschluss des Organisationsausschusses. Darin hieß es:

> „Zur Stunde des Sitzungsbeginns erwarten die beiden diensttuenden Schriftführer den Präsidenten am Eingang des Saales. Bei Erscheinen des Präsidenten schlägt ein Saaldiener einen Gong und der Präsident geht hinter den Schriftführern zu seinem Sitz. Beim Ertönen des Gongs erheben sich Abgeordnete und Zuhörer von ihren Sitzen bis der Präsident selbst Platz genommen hat."

Im gleichen Schreiben erläuterte Mommer, warum er dieses Zeremoniell wünschte:

55 Vgl. das Schreiben von Karl Mommer an die Fraktionsvorstände von CDU/CSU, SPD, FDP, DP, BP, WAV, Zentrum, BHE und DRP vom 7. Dezember 1950. Vgl. auch Abb. S. 40.

„Es entspricht [...] nicht der Würde des Hauses, wenn der Präsident sich durch herumstehende Gruppen den Weg bahnen und im Stimmengewirr durch Glockenzeichen erst Gehör verschaffen muß. Das Erheben von den Plätzen ehrt im Präsidenten die Institution und schafft die Voraussetzung für sofortige Konzentration auf die Arbeit."

An dem Vorschlag von Mommer fällt auf, dass die zuvor noch miteinander verknüpfte Frage der Eröffnungszeremonie und einer angemessen Bekleidung für die Saaldiener nun nicht mehr im Raum stand, weil keinem Saaldiener eine sichtbare Rolle in dieser Zeremonie zugewiesen wurde. Damit war die Entscheidung nach einer Dienstkleidung für die Saaldiener zu diesem Zeitpunkt nicht mehr so vordringlich.

Die Frage nach einer einheitlichen Bekleidung für die Saaldiener des Deutschen Bundestages stand dennoch im Kontext der Suche des Bundestagspräsidiums nach einem angemessen Parlamentsstil. Im Verlauf der Plenarsitzungen der ersten Jahre seit Bestehen des Bundestages kam es immer wieder zu tumultartigen Szenen und würdelosen Temperamentsausbrüchen. Nicht selten dauerten die Plenardebatten über 30 Stunden. Allein die Rede eines Abgeordneten wurde durch 95 Zwischenrufe unterbrochen, 35 kamen von kommunistischen Abgeordneten[56]. Deren Praxis war es, nicht nur unter Ausnutzung der bestehenden parlamentarischen Gebräuche (z. B. lärmende Zwischenrufe), sondern durch gezielte Störaktionen die parlamentarische Aussprache zu gefährden und die Arbeit des Parlamentes zu unterminieren. Für die demokratischen Parteien im Bundestag galt es, die Demokratie zu verteidigen[57]. Nach einer wieder Mal sehr turbulenten Sitzung Anfang Dezember 1952 atmete Parlamentspräsident Ehlers geradezu erleichtert in einer Rundfunkansprache auf:

„Es ist immerhin festzustellen: Geprügelt hat sich niemand."[58]

Die Mitglieder des Organisationsausschusses hatten sehr wohl begriffen, dass mit einem feierlichen Eröffnungsritus ein geregelter Plenarsitzungsverlauf eher möglich sein würde. Ein solches Zeremoniell käme auch der „Würde" und dem „Recht" des Parlaments, so wie es die Geschäftsordnung seit 1922 einforderte[59], entgegen. Form und Inhalt gehören nun einmal zusammen.

56 Ehlers in einem Beitrag für den Bayerischen Rundfunk, veröffentlicht durch die Presse- und Informationsstelle des Deutschen Bundestages am 17. Dezember 1952. Abgedruckt in: Ehlers, *Präsident*, S. 223.

57 Vgl. Ehlers, *Präsident*, S. 224.

58 Ehlers, *Präsident*, S. 225.

59 Vgl. dazu: *Die Geschäftsordnungen deutscher Parlamente seit 1848*, Tafel zu Paragraph 7. Selbst in einem ersten Entwurf der Geschäftsordnung des Parlamentarischen Rates war zunächst von der „Würde" des Parlamentarischen Rates die Rede. Vgl. dazu: *Der Parlamentarische Rat 1948-1949*, Bd. 10, S. 188 vgl. S. 120 und 167.

Nur wollte Parlamentspräsidenten Ehlers nicht jener sein, der diesen Ritus auf sein Betreiben hin eingeführt wissen wollte. Selbst das Staatsoberhaupt, Bundespräsident Theodor Heuss[60], gab sich zu jener Zeit höchst unprätentiös. Sicherlich, wenn Heuss einen Raum betrat, erhoben sich traditionsgemäß alle Anwesenden von ihren Sitzen. Warum sollte dieser Respekterweis nun vom Parlamentspräsidenten im Plenarsaal in Anspruch genommen werden, wo es auch eine Regierungsbank und die Bank der Mitglieder des Bundesrates gab, denn auch sie hätten sich von ihren Plätzen erheben müssen? Wohl deswegen drängte Ehlers gegenüber dem Organisationsausschuss darauf, „selbst keine Initiative" ergreifen zu wollen, wenn es darum ging, eine feierliche Eröffnungsform dieser Art zu finden.

Hinzu kam, dass sich der Bundestag – nicht zuletzt unter dem Vorbehalt, dass auch die Bundesrepublik nur ein Provisorium war – als ein

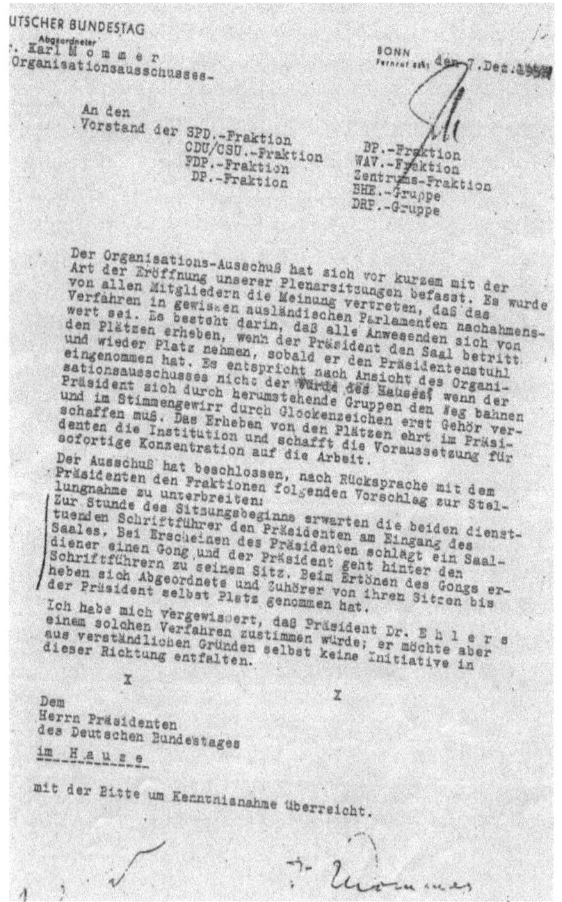

UTSCHER BUNDESTAG
Abgeordneter
. Karl M o m m e r
Organisationsausschusses-

BONN
Fernruf ...; den 7.Dez.1950

An den
Vorstand der SPD.-Fraktion
CDU/CSU.-Fraktion
FDP.-Fraktion
DP.-Fraktion
BP.-Fraktion
WAV.-Fraktion
Zentrums-Fraktion
BHE.-Gruppe
DRP.-Gruppe

Der Organisations-Ausschuß hat sich vor kurzem mit der
Art der Eröffnung unserer Plenarsitzungen befasst. Es wurde
von allen Mitgliedern die Meinung vertreten, daß das
Verfahren in gewissen ausländischen Parlamenten nachahmenswert sei. Es besteht darin, daß alle Anwesenden sich von
den Plätzen erheben, wenn der Präsident den Saal betritt
und wieder Platz nehmen, sobald er den Präsidentenstuhl
eingenommen hat. Es entspricht nach Ansicht des Organisationsausschusses nicht der Würde des Hauses, wenn der
Präsident sich durch herumstehende Gruppen den Weg bahnen
und im Stimmengewirr durch Glockenzeichen erst Gehör verschaffen muß. Das Erheben von den Plätzen ehrt im Präsidenten die Institution und schafft die Voraussetzung für
sofortige Konzentration auf die Arbeit.

Der Ausschuß hat beschlossen, nach Rücksprache mit dem
Präsidenten den Fraktionen folgenden Vorschlag zur Stel-
lungnahme zu unterbreiten:
Zur Stunde des Sitzungsbeginns erwarten die beiden diensttuenden Schriftführer den Präsidenten am Eingang des
Saales. Bei Erscheinen des Präsidenten schlägt ein Saaldiener einen Gong und der Präsident geht hinter den
Schriftführern zu seinem Sitz. Beim Ertönen des Gongs erheben sich Abgeordnete und Zuhörer von ihren Sitzen bis
der Präsident selbst Platz genommen hat.

Ich habe mich vergewissert, daß Präsident Dr. E h l e r s
einem solchen Verfahren zustimmen würde; er möchte aber
aus verständlichen Gründen selbst keine Initiative in
dieser Richtung entfalten.

X

X

Dem
Herrn Präsidenten
des Deutschen Bundestages
im H a u s e

mit der Bitte um Kenntnisnahme überreicht.

Der vom „Organisationsausschuss des Deutschen Bundestages" beschlossene Vorschlag hinsichtlich der Einführung eines Eröffnungszeremoniells der Plenarsitzungen, wurde den Fraktionsvorständen am 7. Dezember 1950 unterbreitet aber erst vier Jahre später, am 27. Januar 1955, erstmals umgesetzt.

60 Heuss (1884-1963), 1948-1949 Mitglied des Parlamentarischen Rates, 1949 Mitglied des Deutschen Bundestages, 1949-1959 Bundespräsident.

nüchternes „Arbeitsparlament" gerierte – ein Begriff, der freilich erst Mitte der 1960er Jahre für den Bundestag geprägt wurde[61]. Noch galt in der Bundesrepublik das Besatzungsstatut von 1949, das den drei westlichen Alliierten in eingeschränktem Maße klassische Hoheitsrechte überlassen hatte. Deutschland war außenpolitisch isoliert und immer noch konnten vom Bundestag verabschiedete Gesetze von den Alliierten zu Fall gebracht werden[62]. Die Zeiten von Pathos und Pomp sowie Glanz und Gloria waren in Deutschland seit langem passé. Die Bundesrepublik und ihre Verfassungsorgane gaben sich entsprechend betont bescheiden.

Es sollte noch einige Jahre dauern, bis das erstmals 1950 angeregte Eröffnungszeremoniell im Bundestag schließlich eingeführt wurde. Zu Ehlers Amtseinführung – wie Mommer und Schmid es sich erhofften – war es nicht möglich. Paul Löbe, der sich zugleich gegen eine besondere Dienstkleider der Saaldiener im Bundestag aussprach, führte im Sommer 1951 in einem Vortrag vor den Mitgliedern der Deutschen Parlamentarischen Gesellschaft im Beisein von Bundespräsident Theodor Heuss[63] aus:

> „Beim letzten Präsidentenwechsel [von Köhler zu Ehlers] bei uns ist ja versucht worden, einiges davon [gemeint ist das Zeremoniell beim englischen Speaker] auf uns zu übertragen. Von einem hochachtbaren Kollegen[64] ist die Anregung ausgegangen, man möge doch, wenn der Präsident den Sitzungssaal betritt, aufstehen und ihm dadurch eine gewisse Respektsbezeugung erweisen. Herr Präsident Ehlers hat das abgelehnt. Ich glau-be, mit guten Gründen. Traditionen müssen wachsen und können nicht angeordnet werden. Ich will dabei auf das Zurückgreifen, was ich vorhin von dem ‚glänzend besetzten' Sitzungssaal sagte[65]. Wenn der Präsident unter solchen Umständen durch Erheben von den Plätzen geehrt werden soll, dann ist das ja ein sehr fragwürdiges Bild. Wir wollen doch diese Art der Respektbezeugung dem Staatsoberhaupt allein vorbehalten und auf keine andere Person übertragen."[66]

---

61 Winfrid Steffani, *Amerikanischer Kongreß und Deutscher Bundestag – ein Vergleich, in: Aus Politik und Zeitgeschichte* (APuZ) B 43 (1965), S. 12-24; Anton Egner/Günther Misenta, *Politische Systeme in Deutschland*, Hannover 1979, S. 71.

62 Absatz 5 des Besatzungsstatuts vom 10. April 1949 regelte: Gesetze „treten einundzwanzig Tage nach ihrem amtlichen Eingang bei den Besatzungsbehörden in Kraft, es sei denn, dass diese sie vorher vorläufig oder endgültig ablehnen". Vgl. Michael F. Feldkamp (Hrsg.), *Die Entstehung des Grundgesetzes für die Bundesrepublik Deutschland 1949*. Eine Dokumentation, Stuttgart 1999, S. 166f.

63 Feldkamp, *Reichstag und Bundestag*, Vortrag von Löbe, S. 379.

64 Gemeint war der Abgeordnete Karl Mommer oder der Abgeordnete Carlo Schmid. Vgl. Feldkamp, *Reichstag und Bundestag*, Vortrag von Löbe, S. 392, Anm. 75.

65 Wenn Löbe an dieser Stelle von dem „glänzend besetzten" Sitzungssaal spricht, so war das ironisch gemeint, denn zu Beginn seiner Vortrags erläuterte Löbe, dass nicht alle Abgeordneten an den Plenarsitzungen teilnehmen könnten und erwähnte zugleich, dass es im Reichstags der Weimarer Zeit verboten war, während einer Plenarsitzung Fraktions- oder Ausschusssitzungen durchzuführen. Vgl. ebd., S. 380f.

66 Ebd., S. 392.

Es war nicht zu erwarten, dass unter einem Bundestagspräsidenten Ehlers ein besonderes Zeremoniell und spezifische parlamentarische Symbole für den Bundestag herausgebildet werden könnten. Das war all jenen klar gewesen, die sich ein wenig mehr Feierlichkeit im Plenum und eine angemessene Kleidung für Saaldiener gewünscht hatten. Keiner wagte mehr einen Vorstoß in dieser Richtung. Der Organisationsausschuss, dessen Vorsitzender Mommer immer wieder die Chance nutzte, auf die Verwaltung des Bundestages und das reibungslose Funktionieren des parlamentarischen Alltags Einfluss zu nehmen, wurde mit der Geschäftsordnung vom 6. Dezember 1951 aufgelöst. Organisatorische und verwaltungstechnische Fragen wurden fortan im Vorstand oder im Ältestenrat besprochen; in beiden Gremien hatte der Bundestagspräsident den Vorsitz inne.

Es ist wenig erstaunlich, dass die Befürworter angemessener Eröffnungszeremonien und Dienstkleidung für die Saaldiener bei ihren Argumenten den internationalen Vergleich suchten. Denn zum einen gab es aus der Kaiserzeit und der Weimarer Zeit keine vergleichbaren Einrichtungen und Gebräuche und zum anderen war es Bestreben der jungen deutschen Demokratie sich in die Gepflogenheiten vergleichbarer Institutionen in Europa einzufügen.

6. Geburtsstunde des Bundestags-Fracks 1955

Am 29. Oktober 1954, gut ein Jahr nach Konstituierung des 2. Deutschen Bundestages, verstarb Bundestagspräsident Herman Ehlers infolge einer Operation. Zu seinem Nachfolger als Bundestagspräsident wurde am 16. November 1954 Eugen Gerstenmaier gewählt. Der promovierte evangelische Theologe hatte durchaus Sinn für Zeremonien, Rituale und Liturgie. Es ist wohl kein Zufall, dass wenige Wochen nach seinem Amtsantritt anlässlich eines Abendessens, das Bundeskanzler Konrad Adenauer[67] (CDU/CSU) im Palais Schaumburg in Bonn für das Präsidium des Bundestags[68] gab, Fragen des parlamentarischen Stils besprochen wurden.

Aufgrund der Einführung der Fünf-Prozent-Klausel mit dem „Wahlgesetz zum zweiten Bundestag und zur Bundesversammlung“ aus dem Jahre 1953[69] waren inzwischen u.a. auch die Kommunisten aus dem Bundestag verschwunden, die noch in der 1. Wahlperiode manches groteske und unwürdige Schauspiel

67 Adenauer (1876-1967), 1948-1949 Präsident des Parlamentarischen Rates, 1949-196 Mitglied des Deutschen Bundestages, 1949-1963 Bundeskanzler, 1951-1955 Bundesminister des Auswärtigen.

68 Der namentlichen Nennung einiger Teilnehmer des Abendessens zufolge ist zu vermuten, dass vermutlich der Vorstand des Bundestages eingeladen worden war. Dem Präsidium gehörten 1954 außer Bundestagspräsident Eugen Gerstenmaier die Vizepräsidenten Carlo Schmid (SPD), Richard Jaeger (CDU/CSU), Hermann Schäfer (FDP) und Ludwig Schneider (FDP) an.

69 Vgl. Bundesgesetzblatt 1953 I S. 470.

Anlage 1

Beschreibung der Dienstkleidung

Die Dienstkleidung besteht aus:

1. für Saaldiener

a) 1 Frack aus dunkelblauem Gabardine mit umgelegtem Kragen, hochstehendem Revers, einer senkrecht eingeschnittenen linken Innentasche, 2 Reihen von je 3 goldfarbenen Metallknöpfen von 22 mm Ø und eingeprägtem Bundesadler, einer goldfarbenen Metallkette aus sieben bis neun Gliedern mit 2 Knöpfen der vorstehend beschriebenen Art als Verschluß der Vorderteile durch 2 waagerecht eingeschnittene Knopflöcher, 2 auf der Rückentaillennaht sitzenden Knöpfen der gleichen Art, einer auf jedem Schoß, vom gleichen Stoff senkrecht aufgesteppten pattenartigen Verzierungen mit 3 Knöpfen der vorstehend beschriebenen Art, 3 an jedem Ärmel vor der Hand sitzenden Knöpfen der gleichen Art von 14 mm Ø;

b) 1 Frackweste (2 Frackwesten-Vorderteile), einknöpfbar, aus rotem Wollstoff mit Schalrevers und einer Reihe von 4 goldfarbenen Metallknöpfen von 14 mm Ø und eingeprägtem Bundesadler;

c) 1 Hose aus dem gleichen Stoff wie zu a), ohne Umschlag, 2 Seitentaschen, 1 Gesäßtasche, Rundbundform, 6 Knöpfen zur Befestigung der Hosenträger;

d) 3 weißen Frackhemden

e) 6 Eckenkragen

f) 3 weißen Querbindern

g) 3 Paar weißen Handschuhen

Zu d) und e) Für Saaldiener, die bei der Beratenden Versammlung des Europarates eingesetzt sind, gelten Sonderregelungen.

2. für den Platzmeister

a) 1 Frack aus dunkelblauem Gabardine mit umgelegtem Kragen, hochstehendem Revers, einer senkrecht eingeschnittenen linken Innentasche, einer goldfarbenen Metallkette aus 7 bis 9 Gliedern ebenfalls mit 2 goldfarbenen Metallknöpfen von 22 mm Ø und eingeprägtem Bundesadler, (2 waagerecht eingeschnittene Knopflöchter bilden mit der Kette den Ver- schluß ... le) 2 auf der Rückentaillennaht sitzen- ...hen Art, 3 an jedem Ärmel vor der ...en der gleichen Art von 14 mm Ø;

In einer Dienstkleiderordnung der Verwaltung des Deutschen Bundestages wurden die Bestandteile des Bundestagsfrack detailliert festgelegt.

boten. Darauf erstarkte in der politischen Klasse ein neues Selbstbewusstsein. Und schließlich war die Bundesrepublik seit ihrer Gründung 1949 in kleinen Schritten auf die diplomatische Weltbühne zurückgekehrt. Zunächst wurde am 23. Oktober 1954 der Besatzungszustand der Bundesrepublik aufgehoben. Mit Ende des Besatzungsstatuts und dem in Krafttreten der Pariser Verträge vom 23. Oktober 1954 erlangte die Bundesrepublik schließlich am 5. Mai 1955 ihre Souveränität. Das Ende der Nachkriegszeit war erreicht, auch wenn der provisorische Charakter der Staatsordnung, den das Grundgesetz vorgegeben hatte, bestehen blieb, solange Deutschland geteilt war. Der sich abzeichnende wirtschaftliche Aufschwung der Bundesrepublik fand auf dem Bonner Parkett seinen Ausdruck darin, dass bei diversen offiziellen Abendveranstaltungen Frack getragen wurde und bei den Festen des Bundespräsidenten Theodor Heuss der Frack manches Mal sogar vorgeschrieben worden war[70].

Unter den Teilnehmern des besagten Abendessens des Präsidiums mit dem Bundeskanzler 1954, so erinnerte sich Gerstenmaier, fand der bislang gepflegte deutsche Parlamentsstil „keinen einzigen Verteidiger". Der englische Parlamentarismus wurde „über den grünen Klee gelobt". Thomas Dehler[71] (FDP) „verlangte kategorisch nach einem strengen, würdevollen Stil der parlamentarischen Selbstdarstellung". Kritisiert wurden vor allem die formlose Eröffnung der Parlamentssitzungen und die Dienstkleidung der Saaldiener. Dazu Gerstenmaier in seinen Erinnerungen:

> Schließlich wurde vereinbart, „den Fraktionen vorzuschlagen, daß beim Eintritt des amtierenden Präsidenten nach einem Glockenschlag und Ankündigungsruf das Haus sich erheben und stehen bleiben solle, bis der amtierende Präsident Platz genommen habe. Der Bundeskanzler erklärte, daß sich die Regierungsbank dementsprechend verhalten werde. Die Herren vom Bundesrat schlossen sich stillschweigend an.
>
> Der Feierlichkeit dieses Aufzugs war der schlichte Tagesanzug des Präsidenten nicht angemessen. Deshalb wurde am gleichen Abend vereinbart, dass der amtierende Präsident und der ihn beim Einzug begleitende Direktor des Bundestages – dieser mit dem Grundgesetz in der Hand – vor dem Haus im Cut mit schwarzer Weste erscheinen sollten. Die im Saal diensttuenden Amtsgehilfen sollten ihre Schaffnermonturen gegen Fräcke tauschen. Das Modell dafür fanden wir – samt der roten Weste – in der Residenz des französischen Botschafters auf Schloss Ernich."[72]

70 Der Beitrag *Frack ist Pflicht*, in: Der Spiegel Nr. 45 vom 3. November 1954, S. 8-9, nennt die Empfänge zu Ehren des griechischen Ministerpräsidenten Marschall Alexander Papagos, des türkischen Ministerpräsidenten Adnan Menderes, des japanischen Ministerpräsidenten Shigeru Yoschida und des Kaisers von Äthiopien Haile Selassie.

71 Dehler (1897-1967), 1949-1967 Mitglied des Bundestages, 1949-1953 Bundesminister der Justiz, 1960-1967 Vizepräsident des Deutschen Bundestages.

72 Gerstenmaier, *Streit und Friede*, S. 366f.

Bundeskanzler Konrad Adenauer wird am 30. Juni 1961 im Garten des Bundeshauses in Bonn von einem Saaldiener geleitet.

Die abwertende Bezeichnung der Dienstkleidung der Saaldiener als „Schaffnermontur" (Montur hier schnöde als Arbeitsanzug verstanden) macht deutlich, wie unzufrieden das Präsidium des Bundestages mit dem äußeren Erscheinungsbild der Saaldiener war. Ausdrücklich sei an dieser Stelle hervorgehoben, dass der Frack der Saaldiener beim französischen Botschafter Vorbild für den im Jahreswechsel 1954/55 eingeführten Bundestagsfrack war, weshalb die Presse Jahre später (1969) vom Frack „à la Française"[73] schrieb.

Zu Recht resümierte Gerstenmaier später in seinen Erinnerungen: „Der Abend im Palais Schaumburg wurde für das Parlament von einiger Bedeutung"[74]. Denn schon wenige Wochen später wurde der Frack eingeführt. Beleg dafür ist ein Beitrag im „Kölner Stadt-Anzeiger" vom 8. Januar 1955, in dem explizit der Frack für den „Ordner unseres Parlaments" erwähnt wird[75]. Die bis dahin als „Boten" bezeichneten Ordner wurden fortan „Parlamentsdiener" genannt, auch wenn der

73 Barbara Mayer-Rosa, *Im blauen Frack zur hohen Politik/Saaldiener im Bundeshaus à la francais [!] gewandet*, in: Bonner Rundschau vom 18. Januar 1969.

74 Gerstenmaier, *Streit und Friede*, S. 366.

75 Vgl. den mit dem Kürzel „kg" gezeichneten Korrespondentenbericht: *Notfalls weckt der Ordnungsruf/Bundestagsbesucher hören vorher Verhaltensmaßregeln/Die Fragen der Gäste werden vernünftiger* sowie den Beitrag *Mit weißen Handschuhen* in: Kölner Stadt-Anzeiger vom 8. Januar 1955.

Begriff nie amtlich festgelegt wurde[76] und offensichtlich später wieder dem Begriff „Saaldiener" wich, der bis heute gebräuchlich ist.
Die Einführung des Fracks war bei den Parlamentsdienern nicht kritiklos angenommen worden. Zum Frack gehörte u. a. auch ein Stehkragen, der in den Hals stach und manche Wunden herbeiführte. Die Saaldiener wagten kaum den Kopf zu senken. Jeder bekam ein paar Schnürstiefel und wenn einer krank wurde, dann musste der Vertreter diese Schuhe anziehen. Hinzu kam, dass der Plenarsaal immer geheizt war. Wegen des dicken Stoffes des Fracks kamen die Saaldiener schnell ins Schwitzen. Es war unangenehm, wenn der Schweiß die Beine hinunterlief und der Stoff bei dieser Gelegenheit abfärbte. Eine Klage bei Gerstenmaier blieb erfolglos. Die Saaldiener konnten immerhin einige Abgeordnete davon überzeugen, dass hier schnell Abhilfe geschaffen werden müsse. Es gab bald einen Stoff, der nicht mehr abfärbte. Der Stehkragen und die unbequemen Schnürschuhe wurden abgeschafft[77]. Jeder Saaldiener musste fortan seine eigenen schwarzen Schuhe tragen; eine Aufwandsentschädigung gibt es dafür nicht.

Arbeitsalltag im Frack außerhalb des Plenarsaals: Da die weißen Handschuhe (wie hier beim sortieren von Post) sehr schmutzanfällig waren, verschwanden sie recht schnell als Element der Dienstkleidung.

76 Schmitt, *Im Dienst*, S. 90, 93.
77 Schmitt, *Blick durch Guckloch*, S. 81.

Seit den ersten Veränderungen sah – ausweislich einer Dienstkleidungsordnung vom 14. Dezember 1965 – der Anzug für die Saaldiener von 1955 an unverändert aus:

> „[...]
>
> a) 1 Frack aus dunkelblauem Gabardine mit umgelegtem Kragen, hochstehendem Revers, einer senkrecht eingeschnittenen linken Innentasche, 2 Reihen von je 3 goldfarbenen Metallknöpfen von 22 mm Durchmesser und eingeprägtem Bundesadler, einer goldfarbenen Metallkette aus sieben bis neun Gliedern mit 2 Knöpfen der vorstehend beschriebenen Art als Verschluß der Vorderteile durch 2 waagerecht eingeschnittene Knopflöcher, 2 auf der Rückentaillennaht sitzenden Knöpfen der gleichen Art, einer auf jedem Schoß, vom gleichen Stoff senkrecht aufgesteppten pattenartigen Verziehrungen mit 3 Knöpfen der vorstehend beschriebenen Art, 3 an jedem Ärmel vor der Hand sitzenden Knöpfen der gleichen Art von 14 mm Durchmesser;
>
> b) 1 Frackweste (2 Frackwesten-Vorderteile), einknöpfbar aus rotem Wollstoff mit Schalrevers und einer Reihe von 4 goldfarbenen Metallknöpfen von 14 mm Durchmesser und eingeprägtem Bundesadler;
>
> c) 1 Hose aus dem gleichen Stoff wie zu a), ohne Umschlag, 2 Seitentaschen, 1 Gesäßtasche, Rundbundform, 6 Knöpfen zur Befestigung der Hosenträger;
>
> d) 3 weißen Frackhemden
>
> e) 6 Eckkragen
>
> f) 3 weißen Querbindern
>
> g) 3 Paar weißen Handschuhen“

Lediglich der Leiter der Saaldiener, auch „Platzmeister“ genannt, trug und trägt bis heute, um sich von den ihm unterstellten Saaldienern zu unterscheiden, eine Weste aus hellbeigem Wollstoff statt weinroter Weste. Mit dem äußeren Unterscheidungsmerkmal war fortan dem Platzmeister die Schlagzeile in der Presseberichterstattung sicher, dass er der Einzige im Bundestag „mit weißer Weste“ sei[78].

---

78 Vgl. z. B. *Nur der Chef trägt weißte Westen/Bundestagssaaldiener jetzt in Mausgrau*, in: General-Anzeiger (Bonn) vom 9. Januar 1971; KLAUS KLEINÖDER, *Toni Meller – der einzige Bonner mit weißer Weste*, in: Express (Köln) vom 5. April 1978; *Karl-Heinz Schmitt ist der Chef der Plenardiener im Bundeshaus: Der einzige Mann mit weißer Weste. Vom Boten zum Platzmeister*, in: General-Anzeiger (Bonn) vom 28. Juni 1978.

7. Der Bundestagspräsident als Trendsetter der Bonner Herrenmode

Am 19. Januar 1955 trug noch unter dem Tagesordnungspunkt „Verschiedenes“ Gerstenmaier im Ältestenrat vor, dass das Präsidium zukünftig im Cut „zu präsidieren“ vorschlage und empfahl, „in Anlehnung an die Handhabung im englischen Parlament das Eintreffen des Präsidenten durch den Ruf ‚Der Präsident (des Deutschen Bundestages)‘“ ankündigen zu lassen[79]. Ferner bat Gerstenmaier die Fraktionen, zu dem Vorschlag Stellung zu nehmen, und kündigte an, die Frage in der nächsten Ältestenratssitzung erneut aufzugreifen. Die SPD-Fraktion hatte am 25. Januar 1955 – nach einer längeren Debatte – die Eröffnungszeremonie mehrheitlich gebilligt[80]. Der Abgeordnete Menzel wurde beauftragt, „im Sinne der Debatte weiter im Ältestenrat für die Fraktion zu verhandeln“[81].

Am 26. Januar 1955 trat der Ältestenrat wieder zusammen, um die Modalitäten zum „Einzug des Präsidenten“ bei Sitzungsbeginn festzulegen. Schmid nahm nicht an der Sitzung teil, es scheint, als wenn seine Interessen von seinem Fraktionskollegen und Freund Walter Menzel[82] (SPD) vorgetragen wurden, der sich ausweislich des Kurzprotokolls zu diesem Thema ganz im Sinne Schmids äußerte. Im Einzelnen hieß es dazu im Kurzprotokoll der 49. Sitzung des Ältestenrates am 26. Januar 1955:

> „1. Einzug des Präsidenten
>
> Alle Vertreter der Fraktionen sprechen sich für eine würdigere Form der Eröffnung der Plenarsitzung aus. Da die vorgeschlagene Ankündigung des Erscheinens des Präsidenten durch das Aufstehen der Schriftführer nicht ausreichend erscheint, empfiehlt Abg. Dr. Menzel ein akustisches Zeichen.
>
> Es wird Einmütigkeit darüber erzielt,
>
> a) daß der Präsident von der nördlichen Wandelhalle her den Saal betritt, begleitet vom Direktor,
>
> b) daß sein Erscheinen im Saal angekündigt wird durch ein tiefes Glockenzeichen und den Ruf „Der Präsident“,
>
> c) daß bei diesem Ruf sich das Haus erhebt,

79 Vgl. das Ältestenratsprotokoll vom 19. Januar 1955 (Parlamentsarchiv). Vgl. auch den Beitrag *Bundestag mit neuem Zeremoniell/Gong – der Präsident!* in: Neue Rhein Zeitung vom 27. Januar 1955.

80 Vgl. die beiden Protokoll der Fraktionssitzung vom 25. Januar 1955 in: Die SPD-Fraktion im Deutschen Bundestag. Sitzungsprotokolle 1949-1957. Zweiter Halbbd.: 182.-328. Sitzung: 1953-1957, Düsseldorf 1993 (= Quellen zur Geschichte des Parlamentarismus und der politischen Parteien, 4. Reihe: Deutschland seit 1945, Bd. 8), S. 145 und 147.

81 Ebd., S. 147.

82 Menzel (1901-1963), 1946-1950 Minister des Inneren und stellvertretenden Ministerpräsidenten von Nordrhein-Westfalen, 1948-1949 Mitglied des Parlamentarischen Rates, 1949-1963 Mitglied des Deutschen Bundestages.

d) daß der Präsident an der Regierungsbank entlang sich auf seinen Platz begibt und dort stehend erklärt: ‚Die Sitzung ist eröffnet',

e) daß für den Schluß der Sitzung keine besondere Form vorzusehen ist.

Abg. [Heinz] Matthes[83] [(DP)] erklärt in diesem Zusammenhang, daß ein Ansprechen des Präsidenten bei seinem Weg zum Platz vermieden werden müsse."

Die – wie Gerstenmaier auch in seinem Lebensbericht betont – über die Fraktionsgrenzen hinaus getroffenen Vereinbarungen[84] konnten umgesetzt werden. Jetzt suchte man nur noch einen besonderen Anlass, um dieses Eröffnungszeremoniell im Bundestag einzuführen; und es wurde ein Freiwilliger aus dem Präsidium gesucht, der zur erstmaligen Ausführung dieser Zeremonie bereit war. Nun war Carlo Schmids „Freude am Repräsentieren" unter den Abgeordneten hinlänglich bekannt. Gerade Schmid war es, der sich nie an die Nüchternheit der Wiederaufbauphase der jungen Bundesrepublik gewöhnen konnte[85]. Er erklärte sich gerne bereit, bei der Einführung des feierlichen Eröffnungsritus die Sitzungsleitung zu übernehmen[86]. Als geeigneter Zeitpunkt erschien die erste Plenarsitzung nach der Weihnachtspause, im Januar 1955.

Zehn Minuten vor Beginn der ersten Sitzung im neuen Jahr, am 27. Januar 1955, ertönte, wie bisher auch, um 8.50 Uhr ein schrilles Klingeln durch die Lautsprecheranlage in den Fluren des Bundeshauses. Kurz nach 9.00 Uhr ertönte dann im Plenarsaal über Lautsprecher ein sonorer Glockenton, der sich wie ein langgezogener Gongschlag anhörte. Es handelte sich dabei um das auf Tonband aufgenommen Geläut der Berliner Freiheitsglocke[87]. Gleich darauf rief in ein

83 Matthes (1897-1976), 1949-1961 Mitglied des Deutschen Bundestages.

84 Gerstenmaier, *Streit und Friede*, S. 367.

85 So Petra Weber, *Carlo Schmid 1896-1979. Eine Biographie*, München 1996, S. 414.

86 Schmitt, *Im Dienst*, S. 90 zitiert in diesem Zusammenhang eine aufgeschnappte Bemerkung des Abgeordneten Heinrich Krone (CDU/CSU), der gesagt haben soll: „Das muß Carlo machen, Eugen ist zu bange".

87 Bei der Berliner Freiheitsglocke im Rathaus Schöneberg handelt es sich um eine Nachbildung der berühmten „Liberty Bell" in Philadelphia/USA. Diese Glocke hing seit 1753 im dortigen State House. 1776 verkündete ihr Geläut die Unabhängigkeit der Vereinigten Staaten von Amerika. Nach Beendigung der Blockade Berlins (24. Juni 1948 bis 12. Mai 1949) und der sogenannten „Luftbrücke", initiierte der ehemalige amerikanische Militärgouverneur Lucius D. Clay den „Kreuzzug für die Freiheit des Komitees für ein Freies Europa" zur Finanzierung der Berliner Glocke. Die in England gegossene Glocke ging auf eine Reise durch 26 Bundesstaaten der USA. Die Spender, 17 Millionen Amerikaner, unterzeichneten dabei den „Freiheitsschwur". Die Unterschriftenliste wird bis heute im Turm des Schöneberger Rathauses aufbewahrt. Die Berliner Glocke trägt die Inschrift: „That this world under God shall have a new birth of freedom." (Übersetzt: Möge diese Welt mit Gottes Hilfe eine Wiedergeburt der Freiheit erleben.) Diese Worte entsprechen sinngemäß den Sätzen des US-Amerikanischen Präsidenten Abraham Lincoln in seiner Rede auf dem Schlachtfeld von Gettysburg im Jahre 1863, dem Wendepunkt des amerikanischen Bürgerkrieges, der nicht zuletzt um die Abschaffung der Sklaverei geführt worden war. Die Berliner Freiheitsglocke läutete am 3. Oktober 1990 die deutsche Einheit ein.

Mikrophon, das vor der rechten Eingangstür stand, einer der beiden dort postierten Saaldiener: „Der Präsident“. Daraufhin erhoben sich die im Plenarsaal zusammengekommenen Abgeordneten. Vizepräsident Schmid trat ein und ging auf die Präsidiumsempore hinauf[88]. Schmid wurde vom Direktor beim Deutschen Bundestag, Hans Troßmann[89], begleitet, der neben ihm herging und nicht – wie man hätte auch vermuten können – vorweg[90].

Am Tag des Zusammentretens des Bundestages, an dem nun auch der Frack und das neue Eröffnungszeremoniell eingeführt wurden (27. Januar 1955), jährte sich der Einmarsch der sowjetischen Armee in das Reichsgebiet zum zehnten Male. Vizepräsident Schmid nahm das zum Anlass, unmittelbar im Anschluss an die erstmals erprobte Eröffnungszeremonie in einer kurzen Ansprache der Opfer jener Zeit, aber auch derer des deutschen Widerstands zu gedenken, die in den ersten Wochen und Monaten des Jahres 1945 hingerichtet wurden. Während dieser Gedenkworte blieben die Abgeordneten stehen[91]. Damit war für den Bundestag eine würdevolle Eröffnungszeremonie gefunden worden, die im Wesentlichen bis heute gebräuchlich ist.

Schmid trug bei dieser Gelegenheit wie im Ältestenrat am 19. Januar 1955 angekündigt, den Cutaway mit silbergrauer Krawatte, Direktor Troßmann trug einen „Stresemann“, ein nach dem Reichskanzler Gustav Stresemann[92] (DVP) benannter Anzug bestehend aus einer gestreiften Hose ohne Aufschlag, schwarzer oder grauer Weste und schwarzem Sakko[93]. Zwei Parlamentsdiener flankierten den Eingang, als Schmid und der Direktor den Plenarsaal betraten. Noch trugen sie keinen Frack, obwohl dessen Einführung längst beschlossen war. Eine Tageszeitung wusste zu berichten, sie hätten schwarze Hosen und dunkelblaue Jacken mit weißen Perlonhandschuhen getragen.[94]

88 Vgl. dazu: *Zum ersten Mal im Cut. Bundestag im neuen Zeremoniell eröffnet*, in: Rhein-Zeitung (Koblenz) vom 28. Januar 1955.

89 Troßmann (1906-1993), 1947 stellvertretender Generalsekretär der CSU, 1948-1949 Sekretär (in der Funktion des ranghöchsten Verwaltungsleiters) des Parlamentarischen Rates, 1949-1970 Direktor beim Deutschen Bundstag.

90 Vgl. den Beitrag *Der neue Stil im Bonner Parlament. Bundestagspremiere mit Cut und Stresemann / Fragezeremoniell wird erprobt*, in: Süddeutsche Zeitung vom 28. Januar 1955.

91 Vgl. auch den Bericht in: Bulletin des Presse- und Informationsamtes der Bundesregierung vom 1. Februar 1955, Nr. 21, S. 173.

92 Stresemann (1878-1929), 1907-1912, 1914-1918 und 1920-1929 Mitglied des Reichstags, 1919-1920 Mitglied der Verfassunggebenden Deutschen Nationalversammlung in Weimar, 1923 Reichskanzler, 1923-1929 Reichsaußenminister.

93 Der „Stresemann“ wurde nur am Tage zumeist bei Trauerfeier, Staatsempfängen oder Banketts getragen. Er ersetzt später den Cutaway, hatte aber weit weniger offiziellen Charakter.

94 Vgl. dazu den Bericht *Zum ersten Mal im Cut / Bundestag im neuen Zeremoniell eröffnet*, in: Rhein-Zeitung (Koblenz) vom 28. Januar 1955.

HEFT 6, 9. JAHRGANG DER SPIEGEL 2. FEBRUAR 1955

DAS DEUTSCHE NACHRICHTEN-MAGAZIN

BONN

WESTVERTRÄGE

Konrad Adenauer hat sich entschlossen, die Westverträge und das Saarabkommen als gemeinsames Paket en bloc im Bundestag einzubringen. Damit sind viele Koalitionsabgeordnete vor die Frage gestellt, ob sie wegen der Westverträge, die sie eigentlich akzeptieren, auch das Saarabkommen schlucken oder ob sie wegen des Saarabkommens, das sie ablehnen, das gesamte Vertragswerk zu Fall bringen wollen.

AUSWÄRTIGES AMT

Das Auswärtige Amt hat in aller Stille die Entsendung seines ehemaligen Personalchefs Peter Pfeiffer als Botschafter der Bundesrepublik zur Nordatlantikpaktorganisation vorbereitet. Pfeiffers geplante Akkreditierung als deutscher Beobachter bei den Vereinten Nationen war vor Jahresfrist wegen der Tätigkeit Pfeiffers im Dritten Reich auf internationale Schwierigkeiten gestoßen. Mehrere Bundestagsabgeordnete wollen nun gegen die neue Verwendung Pfeiffers Stellung nehmen; wer nicht für die Uno geeignet sei, könne auch nicht zur Nato gehen. Als Ersatz für Peter Pfeiffer gilt der derzeitige militärische Verbindungsmann des Auswärtigen Amtes in Paris, Gesandter Hasso von Etzdorf, der bereits im Dritten Reich als Verbindungsmann zwischen Wehrmacht und Wilhelmstraße gründliche einschlägige Erfahrungen sammeln konnte.

STREITKRÄFTE

Von Bonner Parlamentariern aus Vertriebenen- und Flüchtlingskreisen werden Möglichkeiten geprüft, innerhalb der projektierten westdeutschen Streitkräfte geschlossene Formationen aus Ost- und Mitteldeutschen aufzustellen. Die westdeutschen Landsmannschaften werden bei der Rekrutierung ohnehin zusammenbleiben. Eine in Schleswig-Holstein ausgehobene Division könne aber beispielsweise eine Einheit erhalten, die ausschließlich

DAS GRINSEN IM DRITTEN RANG der Regierungsempore des Bonner Bundestags wurde von Parlamentariern als ungehörige Reaktion darauf empfunden, daß der Präsident des Bundestags zum erstenmal im Cutaway erschien, wie es beschlossen war, um die Würde des Parlaments zu heben. Dabei hatte das Bundestagspräsidium optische Gesichtspunkte bereits berücksichtigt: Statt des gedrungenen Präsidenten Gerstenmaier oder des hageren Vizepräsidenten Jaeger schritt der mit natürlicher Würde begabte Vizepräsident Carlo Schmid im Cut zur Präsidentenempore.

Die Zeitschrift „Der Spiegel" berichtet über die erste Plenareröffnung im Cut.

Bei Schmids Einzug in den Plenarsaal, an der Regierungsbank vorbei, in Richtung Präsidentenempore, konnten sich einige Abgeordnete und Mitglieder der Bundesregierung ein Schmunzeln nicht verkneifen. „Der Spiegel" berichtete am 2. Februar 1955 unter Abdruck eines Fotos, jener Szene, in der Schmid an der Regierungsbank gravitätisch vorbeischritt:

> „Das Grinsen im dritten Rang der Regierungsempore des Bonner Bundestages wurde von Parlamentariern als ungehörige Reaktion darauf empfunden, daß der Präsident des Bundestags zum erstenmal im Cutaway erschien, wie es beschlossen war, um die Würde des Parlaments zu heben. Dabei hatte das Bundestagspräsidium optische Gesichtspunkte bereits berücksichtigt: Statt des gedrungenen Präsidenten Gerstenmaier oder des hageren Vizepräsidenten [Richard] Jaeger [CDU/CSU] schritt der mit natürlicher Würde begabte Vizepräsident Carlo Schmid im Cut zur Präsidentenempore."

Plenaralltag 1: Bundesminister Gerhard Schröder im Gespräch mit zwei Saaldienern während der ersten Plenarsitzung des 6. Deutschen Bundestages am 20. Oktober 1969.

Plenaralltag 2: Ein Saaldiener überbringt die korrigierten Reden der Abgeordneten an den Leiter des Stenographischen Dienstes.

Fast schien es, als wenn mit dem Auftritt von Schmid die durch Äußerlichkeiten erzwungene Würde des Parlaments der Lächerlichkeit preisgegeben worden wäre. Oder sprach aus diesem Beitrag nur die dem „Spiegel"-Leser vertraute Häme? Andere Blätter befürchteten gar, dass mit dem strengen Zeremoniell der Bundestag gar eine Trauergemeinde werden könnte[95]. Doch schon im April 1955 wusste die Presse über „bundeshauptstädtische Eleganz" zu berichten und, dass Bonns einziger Spezialist für die Leihgarderobe „kürzlich seinen ersten Cutaway vermietet" hatte und darüber hinaus 21 weiter Cuts in Bälde zum Verleih zur Verfügung stellen würde. Wörtlich hieß es im Bonner „General-Anzeiger" vom 2./3. April 1955 unter der Überschrift „*Akkuratesse der Beamtenfrauen*"[96]:

> „Seit der Präsident des Bundestages die Cut-Mode offiziell kreiert hat, geht ein Rauschen durch den Blätterwald der Schneiderzeitungen. Man wird in Zukunft mit dem Cutaway zu rechnen haben."

Der Bundestagspräsident war in Fragen der Herrenmode unbeabsichtigt Trendsetter geworden.

Der letzte amtierende Präsident des Deutschen Bundestages, der zur feierlichen Eröffnung einer Plenarsitzung den Cutaway trug, war Hans-Ulrich Klose[97] (SPD), der bis 1998 Vizepräsident des Bundestages war. Doch schon als mit Maria Probst[98] (CDU/CSU) im Dezember 1965 erstmals eine Frau Vizepräsidentin des Deutschen Bundestages wurde, war der Cutaway als „Amtskleidung" für den amtierenden Bundestagspräsidenten prinzipiell infrage gestellt worden. Die Zeit der Studentenunruhen Ende der 1960er Jahre, als Studenten die Professorentalare mit ihrem „Muff von 1000 Jahren" auslüften wollten, trug ihren Teil dazu bei, dass Amtstrachten und Amtsketten sowie all jenes was Herrschafts- und Obrigkeitsformen symbolisierte, auch außerhalb der Universitäten verschwand.

95 Vgl. *Bonner Würde mit Gebrauchsanweisung / Neues Zeremoniell – Aber keine „Trauergemeinde"*, in: Der Kurier vom 27. Januar 1955.

96 Vgl. den Beitrag *Akkuratesse der Beamtenfrauen. 40 Leihfräcke paradieren beim Schah-Empfang*, in: General-Anzeiger (Bonn) vom 2./3. April 1955.

97 Klose (*1937), seit 1983 Mitglied des Deutschen Bundestages, 1991-1994 Vorsitzender der SPD-Fraktion, 1994-1998 Vizepräsident des Deutschen Bundestages.

98 Probst (1902-1967), 1949-1967 Mitglied des Deutschen Bundestages, 1965-1967 Vizepräsidentin des Deutschen Bundestages.

8. Bundestagspräsident Kai-Uwe von Hassel: „alte Knöpfe abschneiden“

Die klassische festliche Herrenmode der 1950er Jahre war schon in den 1960er Jahren nicht mehr zeitgemäß – nur der Frack der Saaldiener des Bundestages blieb! Doch auch er schien plötzlich „pompös“, abgesehen davon, dass die Saaldiener wiederholt bitterlich über ihre unbequemen Fräcke klagten[99].

Die modern klingende Parole „Weniger Prunk!“ und der Verzicht auf „Brimborium“ fand nicht die ungeteilte Zustimmung; weder bei der Leitung des Hauses, noch bei den Parlamentsdienern selbst, geschweige denn bei den vom Bundestagspräsidenten berufenen Bekleidungsexperten. Der Vorschlag des Bundestages, die vergoldeten Knöpfe durch unscheinbare blaue oder schwarze Knöpfe zu ersetzen, wurde von den Sachverständigen der Bekleidungsindustrie Hessen oder dem Kleiderfabrikanten Anton Schreiber aus Bad Homburg abgelehnt, weil die Saaldiener von weitem kaum mehr als solche wahrgenommen worden wären[100] und schwarze Knöpfe „kein Gesicht“ hätten[101]. Einer dpa-Meldung vom 7. Mai 1969 zufolge soll Direktor Troßmann – gegen Zeitgeist und Modetrennt – sogar noch für Etagensekretäre eine Uniform gefordert haben. Bundestagspräsident Kai-Uwe von Hassel[102] (CDU/CSU) forderte schließlich von der Verwaltung, sich „mal was Neues einfallen zu lassen“. Noch ein Jahr dauerte es, bis der alte Frack durch einen neuen ersetzt werden konnte.

Wie bei einer Modenschau wurden im Mai 1970 die neuen Fräcke vorgestellt. Allerdings vermissten Beobachter „die Anmut der Mannequins, den berufsmäßigen Laufstegcharme, der sonst bei Modenschauen geboten wird“[103].

In der Presse wurde Bundestagspräsident von Hassel als „fürsorglicher Arbeitgeber“ gepriesen, denn unter dem alten Frack hätten die Saaldiener „oft einen verschwitzten, keinesfalls distinguiert-repräsentativen Eindruck“ gemacht;

---

99 Vgl. dazu auch den anschaulichen Bericht von Karl-Heinz Schmitt, *Blick durchs Guckloch*, in: Mark vom Hofe/Anne Jüssen (Hrsg.), *„Wir wollten Demokratie schaffen“. Erlebte Geschichten aus der Bonner Republik*. Entstanden aus der WDR 5-Sendereihe „Erlebte Geschichten“, Düsseldorf 2002, S. 78-84, hier S. 81. Der Beitrag von Schmitt wurde am 6. Februar 1992 im Rundfunk gesendet.

100 Horst Zimmermann, *„Weg mit den alten Fräcken“ / Bundestagspräsident reformiert die Kleidung der Parlamentsboten*, in: Der Tagesspiegel vom 1. Juni 1969. Helmut Witzler, *Auf Goldknöpfe können wir nicht verzichten ...*, in: Bonner Rundschau vom 8. Mai 1969.

101 *Hassel will alte Knöpfe abschneiden / Neue Kleidung für die Bediensteten im Bundestag vorgesehen*, in: Stuttgarter Zeitung vom 9. Mai 1969.

102 Von Hassel (1913-1997), 1953-1954 und 1965-1980 Mitglied des Deutschen Bundestages, 1954-1963 Ministerpräsident von Schleswig-Holstein, 1969-1972 Präsident des Deutschen Bundestages, 1972-1976 Vizepräsident des Deutschen Bundestages.

103 *Plenarsaaldiener neu ausstaffiert / Die alten Fräcke waren zu schwer*, in: General-Anzeiger (Bonn) vom 12. Mai 1970.

Der neue und der alte Frack: Links Saaldiener Rudolf Frohn in einem alten Exemplar, rechts Franz Dahm im neuen Frack. Sekretärin Renita Henrich prüft den guten Sitz der festlichen „Berufskleidung“. ®-Foto

Start für staatse Staatsfräcke

VON SIGRID LATKA-JÖHRING

Bonn Kai-Uwe von Hassel, Bundestagspräsident, betrachtete kritisch den Frackträger. Er befühlte den Stoff, zupfte am Schwalbenschwanz und befand: „In Ordnung. Nur die Hosentaschen müssen etwas mehr nach hinten versetzt werden.“

Damit war gestern besiegelt, was bürokratisch-sorgfältig ein Jahr lang vorbereitet wurde: Die 33 Saaldiener des Bundeshauses erhalten neue Fräcke, dunkelblaue Meisterstücke mit grauer Weste und leuchtenden, mit dem Bundesadler verzierten Goldknöpfen.

Bundestagspräsident Kai-Uwe von Hassel bewies damit einen dezenteren Geschmack als sein Vorgänger Eugen Gerstenmeier. Der Ex-Präsident nämlich, der vor zwölf Jahren Fräcke für die Saaldiener einführte, entschied sich für's Auffallende: Für einen sattblauen Gabardine-Stoff, eine knallrote Weste und 26, vorn und hinten gleichmäßig verteilte Goldknöpfe. Doch daran hatten die auf Plenarsitzungen tätigen Saaldiener zum Beginn der siebziger Jahre keinen Gefallen mehr. Hauptamtsgehilfe Franz Dahm, der bei der gestrigen Anprobe den Dressman spielte: „Im Sommer haben wir in dem alten Frack fürchterlich geschwitzt. Der Stoff war viel zu schwer.“

Das soll nun anders werden. Der neue Stoff ist ein leichter blauer Wollfresko, die gestärkte Hemdbrust wurde abgeschafft, ebenso der allzu steife Kragen. Schließlich tragen die Saaldiener ihre Fräcke nicht, um auf Empfängen perlenden Sekt zu schlürfen, sondern um zu arbeiten. Oft müssen sie in ihrer würdevoller Kleidung 30 Kilometer täglich für Botengänge zurücklegen. Getragen werden die Fräcke während der Plenarsitzungen. Besonders auch darum, weil die Frackträger für die Abgeordneten besser erkenntlich sind.

Die neuen Fräcke kommen nicht wie ihre Vorgänger aus der Modemetropole Paris, sondern aus einem Maßschneideratelier in Frankfurt. 380 DM kostet einer. Und jeder Frack wird nach den Maßen seines Trägers geschneidert. Regierungsrat Friedrich Bortz bei der Anprobe: „Plötzliches Übergewicht oder eine große Fluktuation bei den Saaldienern würde den Staat teuer zu stehen kommen.“

Debüt der neuen Fräcke à la von Hassel: Nach den Parlamentsferien im Spätsommer. Die alten Fräcke werden derweil von der politischen Szene verschwinden. Sie sollen nach Bethel geschickt und dort zu Anzügen für kranke Heiminsassen umgearbeitet werden.

Nach gründlichen Vorbereitungen konnte ein Kompromiss zwischen der „Würde“ des Hauses und der „Bürde“der Kleidung erzielt und ein neues Frackmodell der Öffentlichkeit vorgestellt werden.

ironischerweise sei vom „Sauna-Anzug“ gesprochen worden[104]. Die Stuttgarter Zeitung schrieb in diesem Zusammenhang sogar vom Bonner „Treibhausklima“[105] und wagte damit offensichtlich eine Assoziation an Wolfgang Koeppens[106] politischen Roman „Das Treibhaus“ aus dem Jahre 1953[107], von dem Kurt Sontheimer[108] später behauptete, er sei „zum Verständnis deutscher Politik in der Adenauer-Zeit fast unersetzlich“[109], obwohl er eigentlich nur das Scheitern eines Idealisten an der politischen Realität nacherzählt.

Doch es gab Enttäuschungen bei jenen, die mit der Einführung eines „Frack à la von Hassel“[110] „eine Revolution auf dem Livreesektor erwartete hatte[n]“[111]. Tatsächlich wurde unter Bundestagspräsident von Hassel der schwere dunkelblaue Stoff des Fracks nur in einen leichteren Panamastoff[112] eingewechselt. Von den bisher üblichen acht Knöpfen an der vorderen Seite blieben nur noch zwei erhalten, die weiterhin das deutsche Hoheitszeichen, der Adler, zierte, und die nun nur noch die Aufgabe hatten, den Frack oberhalb der Gürtellinie zusammenzuknöpfen. Beide Knöpfe waren dabei durch eine kurze Goldkette verbunden. Die acht Knöpfe am Rücken des Frackes wurden auf zwei reduziert. Vor allem erhielt der bisher Kastenförmige und klobig wirkende Frack des Bundestages aber einen modernen Schnitt. Die rote Weste – die „ungewollt Assoziationen mit einem Zirkusdirektor weckte“[113] wurde durch eine – wie der Bonner General-Anzeiger witzelte „mausgraue“ Weste[114] ersetzt. Schon vorher hatten sich die Saaldiener der weißen Handschuhe entledigt.

---

104 Horst Zimmermann, *„Weg mit den alten Fräcken“ / Bundestagspräsident reformiert die Kleidung der Parlamentsboten*, in: Der Tagesspiegel vom 1. Juni 1969.

105 *Hassel will alte Knöpfe abschneiden / Neue Kleidung für die Bediensteten im Bundestag vorgesehen*, in: Stuttgarter Zeitung vom 9. Mai 1969.

106 Koeppen (1906-1996), zählt zu den bedeutendsten deutschen Schriftsteller der Nachkriegszeit, bekannt durch mit seine „Trilogie des Scheiterns“ (1951: Tauben im Gras; 1953: Das Treibhaus; 1954: Der Tod in Rom), mit der er eine kritische Bestandsaufnahme der jungen Bundesrepublik Deutschland vornahm.

107 Wolfgang Koeppen, *Das Treibhaus*, Stuttgart [1]1953.

108 Sontheimer (1928-2005), 1962 Professor für Politikwissenschaften an der Freien Universität Berlin, 1969-1993 an der Universität München.

109 Kurt Sontheimer, Die Adenauer-Ära. Grundlegung der Bundesrepublik. München 2003, S. 31.

110 Sigrid Latka-Jöring, *Start für staatse Staatsfräcke*, in: Bonner Rundschau vom 12. Mai 1970.

111 *Plenarsaaldiener neu ausstaffiert / Die alten Fräcke waren zu schwer*, in: General-Anzeiger (Bonn) vom 12. Mai 1970.

112 Schmitt, *Im Dienst*, S. 91.

113 *Plenarsaaldiener neu ausstaffiert / Die alten Fräcke waren zu schwer*, in: General-Anzeiger (Bonn) vom 12. Mai 1970.

114 *Nur der Chef trägt weiße Westen / Bundestagssaaldiener jetzt in Mausgrau*, in: General-Anzeiger (Bonn) vom 9. Januar 1971.

Bundestagspräsident Kai-Uwe von Hassel „legt Hand an“.

Die neuen Fräcke kamen aus einem Atelier in Frankfurt am Main. Sie kosteten jeweils 380 DM und wurden nach der parlamentarischen Sommerpause im September 1970 offiziell eingeführt[115].

Seit dieser Zeit sind die Fräcke unverändert, sieht man davon ab, dass die Saaldiener im Plenarsaal – nicht jedoch auf der Besuchertribüne – seit dem 26. November 2007 ein Messingschild mit ihrem Namen tragen müssen.

9. Ein Kostüm für Saaldienerinnen

Ende der 1970er Jahre drängten im Zuge der Emanzipationsbewegung zunehmend Frauen in Berufe, die bis dahin Männern vorbehalten waren. Auch der Beruf des Plenarassistenten oder Saaldiener im Deutschen Bundestag blieb von dieser Entwicklung nicht verschont.

Schon im Dezember 1972 wurde in den Medien die Forderung erhoben, weibliche Saaldiener im Bundestag zuzulassen. Ein Journalist betonte sogar, dass inzwischen selbst im traditionsbewussten England scharlachrot uniformierte „Women of the Guard" die Kronjuwelen bewachen würden[116].

Anlass, über die Zulassung von Frauen zum Plenarassistenzdienst öffentlich nachzudenken, war die zu Beginn der 7. Wahlperiode bevorstehende Wahl von Annemarie Renger[117] (SPD) zur Präsidentin des Deutschen Bundestages am 13. Dezember 1972. Tatsächlich klingt es aus heutiger, politisch-korrekter Sicht sexistisch, als 1972 laut gefordert wurde, die zum Plenarassistenzdienst zuzulassenden Frauen sollten „jung und hübsch für die Politiker" sein[118], wie „charmante Hostessen"[119]. In der Bundestagsverwaltung wurde sofort darüber nachgedacht, wie die Berufskleidung für die Plenarassistentinnen aussehen könnte. Gewiss – so wurde konstatiert –, „Marlene Dietrich[120] hat im Frack nicht schlecht ausgesehen, aber der seriösen parlamentarischen Atmosphäre würden wohl eher taubenblaue Kostüme entsprechen"[121]. Der Personalchef der Bundestagsverwaltung und spätere Bundestagsabgeordnete Franz Möller[122] (CDU/CSU) teilte auf Anfrage mit: „Wir haben nichts dagegen, daß auch Frauen im Plenardienst

115 Sigrid Latka-Jöring, *Start für staatse Staatsfräcke*, in: Bonner Rundschau vom 12. Mai 1970.

116 Horst Zimmermann, *Jung und hübsch für die Politiker*, in: Welt am Sonntag vom 10. Dezember 1972.

117 Renger (*1919), 1953-1990 Mitglied des Deutschen Bundestages, 1972-1976 Präsidentin des Deutschen Bundestages, 1976-1990 Vizepräsidentin der Deutschen Bundestages.

118 Zimmermann, *Jung und hübsch für die Politiker*.

119 Ebd.

120 Dietrich (1901-1992), deutsche Filmschauspielerin und Sängerin.

121 Zimmermann, *Jung und hübsch für die Politiker*.

122 Möller (*1930), 1976-1994 Mitglied des Deutschen Bundestages.

Modellvorschläge für das Kostüm der „weiblichen" Saaldiener beim Bundestagspräsidenten Phillipp Jenninger (3.v.r.) am 7. Juni 1988.

eingesetzt werden, natürlich muß der Bundestagspräsident dieser Neuerung zustimmen."[123]

1985, Philipp Jenninger war knapp ein Jahr zuvor zum Bundestagspräsidenten gewählt worden, wurden in der Botenmeisterei der Verwaltung des Bundestages erstmals weibliche Mitarbeiter eingestellt. Sie erhielten als Dienstkleidung einen blauen Blazer, an dessen Revers die Aufschrift „Deutscher Bundestag" eingenäht war. Die Absicht sie später auch als Saaldiener einzusetzen stand jedoch unter einem Lösungsvorbehalt der Bekleidungsfrage. Damen wirken im Frack kokett, konstatierten im Oktober 1987 die „Bremer Nachrichten"[124] unter Hinweis auf Marlene Dietrich und die in den 1980er Jahren vielbewunderte Marlene Charell[125]. Auch überlegte man, lange Röcke für die Damen anzuschaffen.

123 *Bald Saaldienerinnen im Bundestag? / Einbruch in rein männliche Domäne,* in: General-Anzeiger (Bonn) vom 22. Dezember 1972. Vgl. auch: *Bald Frauen im Parlamentsdienst?* in: Deutsche Tagespost vom 20. Februar 1973.

124 *Weibliche Saaldiener ohne Frack?* in: Bremer Nachrichten vom 20. Oktober 1987.

125 Charell (*1944), deutsche Tänzerin und Sängerin.

Rita Süssmuth stellt unmittelbar vor ihrer Antrittsrede als Bundestagspräsidentin am 19. Januar 1989 die ersten Saaldienerinnen vor.

Am 7. Juni 1988 war es soweit: In Gegenwart des Bundestagspräsidenten Jenninger stellte der Vorsitzende des Verbandes der Damenoberbekleidungsindustrie Herrmann Irringer aus Schwerte eine Auswahl von Modellen für eine zukünftige Dienstkleidung für die weiblichen Bediensteten im Plenarsaal vor.

Das schließlich ausgewählte Kostüm für die Saaldienerinnen war aus dem gleichen Stoff gefertigt, wie der Frack der Saaldiener. Es handelte sich dabei um eine „mitternachtsblaue" Jacke mit zwei verdeckten Taschen an der Unterseite. Zwei Reihen von je drei goldfarbenen Knöpfen mit Bundesadler auf der Vorderseite. Links oben ist eine Brusttasche, in der ein weißes Spitzenrandtuch steckt. An den Ärmeln sind je zwei goldfarbene Manschettenknöpfe mit Bundesadler.

Erstmals wurde das Kostüm während einer Plenarsitzung im Bundestag am 19. Januar 1989 durch zwei Saaldienerinnen getragen[126]. Es war ein sinnfälliges Datum. Im November war Bundestagspräsident Jenninger zurückgetreten. Ihm folgte Bundestagspräsidentin Rita Süssmuth[127] (CDU/CSU), die am 19. Januar 1989 diese Sitzung nutzte, ihre Antrittsrede als Präsidentin zu halten und hierin ausdrücklich darauf hinzuweisen, dass es auf den Tag genau 70 Jahre her war, dass von Frauen erstmals das aktive und passive Wahlrecht in Deutschland ausgeübt werden konnte[128].

Auf die weiblichen Plenarassistentinnen hatte Süssmuth in ihrer Antrittsrede zwar nicht mehr eigens hingewiesen, doch die Symbolkraft dieses Datums, die auf den ersten Einsatz von weiblichen Saaldienern ausstrahlen sollte, war für die anwesenden Abgeordneten augenscheinlich.

Es ist keineswegs Sentimentalität oder gar Larmoyants, wenn heute (2008) – bald 20 Jahre nach Einführung des Kostüms – festgestellt werden muss, dass über 70 Prozent der Saaldiener Frauen sind. Faktum ist, dass Frauen auch diesen, einst klassischen Beruf des Saaldieners längst erobert und für sich eingenommen haben. Das hat auch zur Folge, dass der Bundestagsfrack zwar noch nicht vom aussterben bedroht ist, aber im alltäglichen Erscheinungsbild des Parlaments erkennbar zurückgedrängt wurde.

---

126 Horst Zimmermann, *Unter Rita Süssmuth fiel letzte Männer-Bastion im Parlament / Erste Frauen als Saaldiener im Bundestag*, in: Bonner Rundschau vom 17. Januar 1989.

127 Süssmuth (*1937), 1985-1988 Bundesministerin für Jugend, Familie und Gesundheit (ab 1986: Bundesministerin für Jugend, Familie, Frauen und Gesundheit), 1987-2002 Mitglied des Deutschen Bundestages, 1988-1998 Präsidentin des Deutschen Bundestages.

128 11. Wahlperiode, 119. Sitzung; Stenographischer Bericht, Bd. 147, S. 8697-8700.

10. Schlussbemerkungen

Die Einführung des Fracks für die Saaldiener des Deutschen Bundestages fällt nicht zufällig mit der Erlangung der völkerrechtlichen Souveränität der Bundesrepublik Deutschland 1955 zusammen. Die Bundsrepublik war 1949 unter alliiertem Vorbehalt als Provisorium gegründet worden. Nun, 1955, mit formaler Beendigung des Besatzungszustands, ging es darum, den souveränen Staat mit Würde zu umgeben. Selbstverständlich war auch der Deutsche Bundestag bemüht, die symbolische Dimension seiner Selbstdarstellung auszuloten, Sprachregelungen zu treffen und Traditionen eines selbstbewussten Parlaments zu begründen. In diesem Kontext waren die Einführung des Fracks für Saaldiener oder die Suche nach einer feierlichen Eröffnungszeremonie für die Plenarsitzungen nur marginale Aspekte. Ohnehin ging es auch Bundestagspräsident Gerstenmaier eben nicht um Äußerlichkeiten und Eitelkeiten sondern um ein gestärktes Selbstbewusstsein. So erwies sich hinter verschlossenen Türen im Spannungsfeld von Parlament und Regierung die Frage nach der Rangordnung des Bundestagspräsidenten im Gefüge mit den übrigen Verfassungsorganen Bundespräsident, Bundeskanzler, Bundesratspräsident und Bundesverfassungsgerichtspräsident als wesentlich bedeutsamer. Aber auch diese Frage ist längst entschieden[129].

Der Bundestagsfrack war im Laufe seiner Geschichte dem zeitgenössischen Geschmack, dem Zeitgeist und ein wenig auch den Modeerscheinungen unterworfen:

- Das war bei seiner Einführung 1955, als es darum ging, das äußere Erscheinungsbild des Parlaments zu verbessern;
- So war es 1969/70 bei der Suche nach einer schlichteren Kleidung für die Saaldiener in Folge der Studentenunruhen und der damit einhergehenden gesellschaftlichen Umbrüche;
- Und das war auch der Fall, als Frauen in den bis dahin „klassischen“ Männerberuf gelangten, und 1989 ein Kostüm für „den“ weiblichen Saaldiener geschaffen wurde.

Dass der Bundestagspräsident mit dem Cutaway 1955 in der jungen Republik Vorreiter eines neuen Modestils für die Bonner Gesellschaft wurde, ist ein Aperçu in der Geschichte des Amtes des Bundestagspräsidenten. Fast mutet es anrührend an und zeigt, welch hohe Reputation Politik und Politiker in dieser Zeit genossen. Es mag kein Zufall sein, dass sich nach dem Ausscheiden von Vizepräsi-

129 Gerstenmaier, *Streit und Friede*, S. 367f. Auszugsweise wiederabgedruckt bei Michael F. Feldkamp (Hrsg.), Der Bundestagspräsident. Amt – Funktion – Person. 16. Wahlperiode, 17. Auflage, München 2007, S. 110.

Gruppenfoto von Saaldienern im alten Plenarsaal in Bonn 1978.

Gruppenfoto von Saaldienern im Plenarsaal des Wasserwerkes in Bonn 1994.

Gruppenfoto von Saaldienern im Plenarsaal des Reichstagsgebäudes in Berlin 2008.

dent Hans-Ulrich Klose 1998 kein Präsident oder Vizepräsident mehr für den Cutaway begeisterte. Auch wenn der Cut bislang nicht in die Berliner Republik hinübergerettet werden konnte, so wird er wenigstens mit der Geschichte des Bonner Bundestages eng verbunden bleiben.

Wenn die im Plenarsaal Diensttuenden den Bundestagsfrack tragen, dann tun sie das nicht, um einer in der Öffentlichkeit erwünschten folkloristischen und wirklichkeitsfernen Romantik zu genügen. Dann tun sie das, um auch für Außenstehende erkennbar und mit der nötigen Autorität ausgestattet, ihren Aufgaben im Plenum gerecht zu werden, damit ein geregelter Parlamentsbetrieb möglich ist. Bei der Erfüllung ihrer Aufgaben ist es erforderlich, dass sie als Diener im Parlament und des Parlaments erkannt werden.

Der Bundestagsfrack will und wird den öffentlichkeitswirksamen Stellenwert einer Schweizer Garde des Papstes in ihrer vermeintlich von Michelangelo entworfenen Uniform nie erreichen; doch ist der Frack immerhin ein Markenzeichen des Bundestages geworden und steht als Chiffre für die Würde des Hohen Hauses.

Symbole haben nicht voraussetzungslos Symbolkraft und können innerhalb von Kommunikationsprozessen einem Wandel unterworfen werden. Da Symbole, wie Gottfried Korff[130] bereits vor zehn Jahren formulierte, bedeutungsoffen und multivokal, vielfältig konnotierbar sind, müssen Symbole nach ihrer Herkunft und ihren Traditionen befragt werden. Solange die Präsidenten des Deutschen Bundestages auf die Einhaltung der Würde des demokratisch gewählten Parlament achten, solange werden u. a. das Glockenläuten des Kölner Domes, das zur christlichen Morgenfeier einlädt, die Urschrift des Grundgesetzes, die zur Vereidigung von Bundespräsident und Bundeskanzler vorgezeigt wird[131], und eben auch der Frack, den die Saaldiener stolz tragen, an Symbolkraft nichts einbüßen.

130 Korff (*1942), Volkskundler, tätig an Museen in Bonn und Berlin, 1978-1982 Generalsekretär der Preußen-Ausstellung im Gropiusbau Berlin, seit 1982 Prof. für Empirische Kulturwissenschaft an der Universität Tübingen, Gastprofessuren in Wien und Zürich.

131 Michael F. Feldkamp, *Anmerkungen zu Urschrift und Faksimiles des Grundgesetzes für die Bundesrepublik Deutschland vom 23. Mai 1949*, in: Zeitschrift für Parlamentsfragen 35 (2004), S. 199 219.

Geübte Augen braucht ein Saaldiener auch während der „Routinearbeit" im Plenarsaal. Denn neben Abgeordneten dürfen sich nur Saaldiener im Frack/Frackkostüm uneingeschränkt im Plenarsaal bewegen. Diese Eigenschaft macht sie zur Schnittstelle zwischen „drinnen" im Plenarsaal und „draußen" außerhalb des Plenarsaales. Da Abgeordnete schnell und zuverlässig mit Dokumenten versorgt werden müssen, wird somit sehr oft ...

... gesucht...

... lokalisiert...

... und gefunden.

Dank

Nun liegt das Buch über den Bundestagsfrack vor. Als Autoren sind wir dem Nomos-Verlag dankbar, dass es erscheinen konnte. Wie schon einleitend bemerkt, sollten die Ergebnisse der Frackausstellung vom November 2005 und September 2008 im Reichstagsgebäude in diesem Buch „festgehalten" werden. So gilt es hier auch jenen zu danken, die schon an der Ausstellung im Jahre 2005 mitgewirkt haben, seien es die vielen ungenannten Mitarbeiter des Parlamentsarchiv des Deutschen Bundestages und der Bundestagsbibliothek, oder seien es die Kollegen im Referat ZT 4. Das entgegenkommende Interesse und die wohlwollende Begleitung, die diese Ausstellung seit der ersten Planungsphase beim Direktor des Deutschen Bundestages, Prof. Dr. Wolfgang Zeh und seinem Büroleiter MR Thomas Hadamek erhielt, war Ansporn genug, Ausstellung und Buchprojekt zu realisieren. Unser Dank gilt ferner insbesondere: Tobias Altehage, Larissa Buru, Jose Cases, Edgar Dick, Damian Flegel, Stephan Gaede, Annette Kipp-Sandherr, Monika Kitzmann, Kai Klimpel, Jutta Milz, Ottmar Prothmann, Ursula Scherer, Karl-Heinz Schmitt und Johannes Schneider. Last but not least danken wir dem Präsidenten des Deutschen Bundestages, Prof. Dr. Norbert Lammert, der mit seinem Geleitwort in besondere Weise das Interesse der Mitglieder des Deutschen Bundestages an dessen Geschichte und parlamentarischen Kultur zum Ausdruck gebracht hat.

Literatur

a) Zeitungs- und Zeitschriftenartikel

Akkuratesse der Beamtenfrauen. 40 Leihfräcke paradieren beim Schah-Empfang, in: General-Anzeiger (Bonn) vom 2./3. April 1955.

Bald Frauen im Parlamentsdienst? in: Deutsche Tagespost vom 20. Februar 1973.

Bald Saaldienerinnen im Bundestag? / Einbruch in rein männliche Domäne, in: General-Anzeiger (Bonn) vom 22. Dezember 1972.

BARBARA MAYER-ROSA, *Im blauen Frack zur hohen Politik/Saaldiener im Bundeshaus à la francais [!] gewandet*, in: Bonner Rundschau vom 18. Januar 1969.

Bonner Würde mit Gebrauchsanweisung / Neues Zeremoniell – Aber keine „Trauergemeinde", in: Der Kurier vom 27. Januar 1955.

Bundestag mit neuem Zeremoniell/Gong – der Präsident! In: Neue Rhein Zeitung vom 27. Januar 1955.

Der neue Stil im Bonner Parlament. Bundestagspremiere mit Cut und Stresemann / Fragezeremoniell wird erprobt, in: Süddeutsche Zeitung vom 28. Januar 1955.

Diener der Saaldiener. Der Frack des Parlamentsassistenzdienstes wird 50 Jahre alt, in: Frankfurter Allgemeine Zeitung vom 8. November 2005.

Frack ist Pflicht, in: Der Spiegel Nr. 45 vom 3. November 1954, S. 8-9.

GÖTZ, THOMAS, *Die karge Pracht der Demokratie. Vor 50 Jahren wurde der Bundestagsfrack eingeführt. Eine Ausstellung ehrt ihn*, in: Berliner Zeitung vom 8. November 2005.

Hassel will alte Knöpfe abschneiden / Neue Kleidung für die Bediensteten im Bundestag vorgesehen, in: Stuttgarter Zeitung vom 9. Mai 1969.

Karl-Heinz Schmitt ist der Chef der Plenardiener im Bundeshaus: Der einzige Mann mit weißer Weste. Vom Boten zum Platzmeister, in: General-Anzeiger (Bonn) vom 28. Juni 1978.

KG, *Notfalls weckt der Ordnungsruf/Bundestagsbesucher hören vorher Verhaltensmaßregeln/Die Fragen der Gäste werden vernünftiger* in: Kölner Stadt-Anzeiger vom 8. Januar 1955.

KLEINÖDER, KLAUS, *Toni Meller – der einzige Bonner mit weißer Weste*, in: Express (Köln) vom 5. April 1978.

LATKA-JÖRING, SIGRID, *Start für staatse Staatsfräcke*, in: Bonner Rundschau vom 12. Mai 1970.

MATERN, TOBIAS, *Feine Herren im Hintergrund. Eine Ausstellung im Berliner Reichstagsgebäude widmet sich den diskretesten Dienern des Parlaments – den befrackten Saaldienern*, in: Süddeutsche Zeitung vom 8. November 2005.

Mit weißen Handschuhen in: Kölner Stadt-Anzeiger vom 8. Januar 1955.

Nur der Chef trägt weiße Westen/Bundestagssaaldiener jetzt in Mausgrau, in: General-Anzeiger (Bonn) vom 9. Januar 1971.

Plenarsaaldiener neu ausstaffiert / Die alten Fräcke waren zu schwer, in: General-Anzeiger (Bonn) vom 12. Mai 1970.

SPÖCKNER, CHRISTOPH, *Ausstellung im Reichstag: „50 Jahre Bundestagsfrack" / Kleider machen Saaldiener*, in: Das Parlament vom 14. November 2005.

Weibliche Saaldiener ohne Frack? in: Bremer Nachrichten vom 20. Oktober 1987.

WITZLER, HELMUT, *Auf Goldknöpfe können wir nicht verzichten ...*, in: Bonner Rundschau vom 8. Mai 1969.

ZIMMERMANN, HORST, *„Weg mit den alten Fräcken" / Bundestagspräsident reformiert die Kleidung der Parlamentsboten*, in: Der Tagesspiegel vom 1. Juni 1969.

ZIMMERMANN, HORST, *Jung und hübsch für die Politiker*, in: Welt am Sonntag vom 10. Dezember 1972.

ZIMMERMANN, HORST, *Unter Rita Süssmuth fiel letzte Männer-Bastion im Parlament / Erste Frauen als Saaldiener im Bundestag*, in: Bonner Rundschau vom 17. Januar 1989.

Zum ersten Mal im Cut. Bundestag im neuen Zeremoniell eröffnet, in: Rhein-Zeitung (Koblenz) vom 28. Januar 1955.

b) Fachbeiträge und -veröffentlichungen

BIEFANG, ANDREAS, *Das Parlament in der Leipziger Straße*. Fotographiert von JULIUS BRAATZ, (= Photodokumente zur Geschichte des Parlamentarismus und der politischen Parteien, Bd. 6), Düsseldorf 2002.

BOETTICHER, CHRISTIAN VON, *Parlamentsverwaltung und parlamentarische Kontrolle*, In: Beiträge zum Parlamentsrecht, Bd. 53, Berlin 2002.

Bulletin des Presse- und Informationsamtes der Bundesregierung, Bonn 1955.

EGNER, ANTON/GÜNTHER MISENTA, *Politische Systeme in Deutschland*, Hannover 1979.

EHLERS, HERMANN. *Präsident des Deutschen Bundestages. Ausgewählte Reden, Aufsätze und Briefe 1950-1954*. Hrsg. und eingeleitet für die Hermann-Ehlers-Stiftung von KARL DIETRICH ERDMANN, bearb. von RÜDIGER WENZEL, Boppard 1991.

FELDKAMP, MICHAEL F. (Bearb.), *Der Parlamentarische Rat 1948-1949*, Bd. 10: *Ältestenrat, Geschäftsordnungsausschuß und Überleitungsausschuß*, München 1997.

FELDKAMP, MICHAEL F. (Hrsg.), *Die Entstehung des Grundgesetzes für die Bundesrepublik Deutschland 1949*. Eine Dokumentation, Stuttgart 1999.

FELDKAMP, MICHAEL F., *Anmerkungen zu Urschrift und Faksimiles des Grundgesetzes für die Bundesrepublik Deutschland vom 23. Mai 1949*, in: Zeitschrift für Parlamentsfragen 35 (2004), S. 199-219.

FELDKAMP, MICHAEL F., *Frack und Cut im Bundestag. Die Einführung des Bundestagsfracks vor 50 Jahren*. In: Zeitschrift für Parlamentsfragen 37 (2006), S. 481-492.

FELDKAMP, MICHAEL F. (Hrsg.), *Die Bundestagspräsident. Amt – Funktionen – Personen. 16. Wahlperiode*, 17. Auflage, München 2007.

FELDKAMP, MICHAEL F., *Reichstag und Bundestag*. Edition eines wiederentdeckten Vortrags von PAUL LÖBE aus dem Jahre 1951, in: Zeitschrift für Parlamentsfragen 38 (2007), S. 376-400.

FELDKAMP, MICHAEL F., *Karl Mommer und die Anfänge des Deutschen Bundestages*, in: Festschrift für Gerhard Loewenberg, Hrsg. von HELMAR SCHÖNE und JULIA VON BLUMENTHAL, Baden-Baden 2009 (in Druck).

GERSTENMAIER, EUGEN, *Streit und Friede hat seine Zeit. Ein Lebensbericht*, Frankfurt/Main-Berlin-Wien 1981, S. 366.

Die Geschäftsordnungen deutscher Parlamente seit 1848. Eine synoptische Darstellung. Mit einer Einführung von NORBERT LAMMERT, Bonn 1986.

HAHN, GERHARD, *Die Reichstagsbibliothek zu Berlin – ein Spiegel deutscher Geschichte. Mit einer Darstellung zur Geschichte der Bibliotheken der Frankfurter Nationalversammlung, des Deutschen Bundestages und der Volkskammer sowie einem Anhang: Ausländische Parlamentsbibliotheken unter nationalsozialistischer Herrschaft und Dokumenten* (= Veröffentlichung der Kommission für Geschichte des Parlamentarismus und der politischen Parteien), Düsseldorf 1997.

LAMMERT, NORBERT, *Die Würde der Demokratie. Das parlamentarische Zeremoniell des Deutschen Bundestags*, in: ANDREAS BIEFANG/MICHAEL EPKENHANS/KLAUS TENFELDE (Hrsg.), *Das politische Zeremoniell im Kaiserreich 1871-1918*, Düsseldorf 2009 (in Druck).

LÖBE, PAUL, *Der Weg war lang. Erinnerungen* , Berlin [5]2002.

LÖBE, PAUL (Hrsg.), *Der deutsche Reichstag. Eine kurze Einführung in seine Arbeit und seine Organisation*, Berlin 1929.

MERGEL, THOMAS, *Parlamentarische Kultur in der Weimarer Republik. Politische Kommunikation, symbolische Politik und Öffentlichkeit im Reichstag* (= Beiträge zur Geschichte des Parlamentarismus und der politischen Parteien, Bd. 135), Düsseldorf 2002.

PATZELT, WERNER J. (Hrsg.), Parlamente und ihre Symbolik. Programm und Beispiele institutioneller Analyse, Wiesbaden 2001.

SCHINDLER, PETER, *Datenhandbuch zur Geschichte des Deutschen Bundestages 1949 bis 1999*. Gesamtausgabe in drei Bänden. Eine Veröffentlichung der Wissenschaftlichen Dienste des Deutschen Bundestages, Baden-Baden 1999.

SCHMID, CARLO, *Erinnerungen*, Bern-München-Wien 1979.

SCHMITT, KARL HEINZ, *Im Dienst des Hohen Hauses 1949-1991. Der Platzmeister erzählt*, Stuttgart 1995

SCHMITT, KARL-HEINZ, *Blick durchs Guckloch*, in: MARK VOM HOFE/ANNE JÜSSEN (Hrsg.), *„Wir wollten Demokratie schaffen“. Erlebte Geschichten aus der Bonner Republik*. Entstanden aus der WDR 5-Sendereihe „Erlebte Geschichten“, Düsseldorf 2002, S. 78-84.

SCHÜTTEMEYER, SUZANNE S., *Editorial*, in: Zeitschrift für Parlamentsfragen 37 (2006), S. 460.

WEBER, PETRA, *Carlo Schmid 1896-1979. Eine Biographie*, München 1996.

WEBER, PETRA, *Schmid, Carlo*, in: *Biographisches Handbuch der Mitglieder des Deutschen Bundestages 1949 – 2002*, hrsg. von RUDOLF VIERHAUS und LUDOLF HERBST unter Mitarbeit von BRUNO JAHN, München 2002, S. 749-751.

WENGST, UDO, *Staatsaufbau und Regierungspraxis 1948-1953. Zur Geschichte der Verfassungsorgane der Bundesrepublik Deutschland* (= Beiträge zur Geschichte des Parlamentarismus und der politischen Parteien, Bd. 74), Düsseldorf 1984.

Abbildungsnachweise

Augsburger Allgemeine, dpa, Günter Müchler: S. 23
Bonner Rundschau, Sigrid Latka-Jöhring, R-Foto: S. 55
Der Spiegel, 6/1955: S. 51
Deutscher Bundestag: S. 15 o., 16, 17 o., 20 o., 27, 28 u., 40, 43 o., 45, 59, 60, 63 u.
Deutscher Bundestag, Achim Melde: S. 5, 19
Deutscher Bundestag, Michael Ebner: S. 17 u., 21 o.
Deutscher Bundestag, Siegfried Büker: S. 21 u.
Deutscher Bundestag, Studio Kohlmeier: S. 32, 64
Deutscher Bundestag, Werner Schüring: S. 11, 15 u., 66, 67
dpa, Kurt Rohwedder: S. 38, 46
dpa, Michael Jung: S. 25
General Anzeiger Bonn: S. 13 o. und u.r.
Julius Braatz: aus: Andreas Biefang, „Das Parlament in der Leipziger Straße“, Tafel 152: S. 30
La Vanguardia, Marc Bassets, Patricia Sevilla Ciordia: S. 13 u.l.
Marco Stepniak: S. 18
Presse- und Informationsamt der Bundesregierung: S. 20 u., 22, 28 o., 33, 52, 57
Privatfoto: S. 12, 43 u., 63 o.

Personenindex

Seitenzahlen in Kursiv verweisen auf einen Abbildungstext

Die Autoren

Michael F. Feldkamp (* 1962 in Kiel), studierte in Bonn und Rom, wurde 1992 zum Dr. phil. promoviert und arbeitet seit 1993 mit Unterbrechung im Parlamentsarchiv des Deutschen Bundestages in Bonn und später in Berlin.

Dirk Kunze (* 1976 in Leipzig), studierte Politikwissenschaften an der Freien Universität Berlin und Melbourne (Australien), seit 1995 mit Unterbrechung in der Verwaltung des Deutschen Bundestages u.a. auch als „Saaldiener" tätig, 2006 Studienaufenthalt an Parlamenten in Australien, Singapur und House of Commons in London.

Zeitfracht Medien GmbH
Ferdinand-Jühlke-Straße 7
99095 Erfurt, Deutschland
produktsicherheit@kolibri360.de